who?

글 오영석

어린이들이 재미있고 신나게 읽을 수 있는 책을 쓰기 위해 노력하는 작가입니다. 나와 똑같이 고민하고, 실패했던 위인들의 이야기를 통해 독자들도 '할 수 있다'는 마음을 가지길 바랍니다. 《세계사 한국사》, 《과학 교과 주제 탐구Q. 몸》, 《걸어서 세계 속으로 / 일본 편》을 비롯하여 웹툰 《독고》, 《통》, 카툰 《레드소드》, 《전장의 시》 등의 작품을 쓰셨으며 2011년 대한민국 스토리 공모 대전 우수상을 수상하셨습니다.

그림 이일호

1986년 만화계에 입문하여 잡지 및 신문 만화 연재에 참여했습니다. 대표 작품으로는 아동 학습 만화 《스펀지》, 《두뇌 월드 Q》, 《황금 교실》, 《바람의 비행사 라시언》과 소년 조선일보 신문 연재 《의료 특공대 아야》 등이 있습니다.

감수 경기초등사회과연구회
진로 탐색 감수 이랑(한국고용정보원 전임연구원)
추천 송인섭(숙명 여자 대학교 명예 교수)

 세계 인물

피터 드러커

개정판 1쇄 인쇄 2024년 11월 15일
개정판 1쇄 발행 2025년 1월 1일

글 오영석 그림 이일호

펴낸이 김선식
펴낸곳 다산북스

부사장 김은영
어린이사업부총괄이사 이유남
책임편집 박세미 **디자인** 김은지 **책임마케터** 김희연
어린이콘텐츠사업1팀장 박정민 **어린이콘텐츠사업1팀** 김은지 박세미 강푸른
마케팅본부장 권장규 **마케팅3팀** 최민용 안호성 박상준 김희연
편집관리팀 조세현 김호주 백설희 **저작권팀** 이슬 윤제희 **제휴홍보팀** 류승은 문윤정 이예주
재무관리팀 하미선 김재경 임혜정 이슬기 김주영 오지수
인사총무팀 강미숙 이정환 김혜진 황종원
제작관리팀 이소현 김소영 김진경 최완규 이지우 박예찬
물류관리팀 김형기 김선민 주정훈 김선진 한유현 전태연 양문현 이민운

출판등록 2005년 12월 23일 제313-2005-00277호
주소 경기도 파주시 회동길 490
전화 02-704-1724 팩스 02-703-2219
다산어린이 카페 cafe.naver.com/dasankids 다산어린이 블로그 blog.naver.com/stdasan
종이 신승INC 인쇄 북토리 코팅 및 후가공 평창피앤지 제본 대원바인더리

ISBN 979-11-306-5830-8 14990

품명: 도서 **제조자명:** 다산북스
제조국명: 대한민국 **전화번호:** 02)704-1724
주소: 경기도 파주시 회동길 490
제조년월: 판권 별도 표기 **사용연령:** 8세 이상

※ KC마크는 이 제품이 공통안전기준에 적합하였음을 의미합니다.

피터 드러커

Peter F. Drucker

다산
어린이

자신만의 멘토를 만날 수 있는
who? 시리즈

　다산어린이의 〈who?〉 시리즈는 어린이들은 물론 어른들에게도 재미와 감동을 주는 교양 만화입니다. 〈who?〉 시리즈는 전 세계 인류에 영향력을 끼친 인물들로 구성되었으며 인물들의 삶과 사상을 객관적으로 전해 줍니다.

　이처럼 다양한 나라와 분야에서 활약한 위인들의 이야기를 통해 과학, 예술, 정치, 사상에 관한 정보는 물론이고, 나라별 문화와 역사까지 배우게 될 것입니다. 〈who?〉 시리즈의 가장 큰 장점은 위인들이 그들의 삶에서 겪은 기쁨과 슬픔, 좌절과 시련, 감동을 어린이들이 함께 느낄 수 있다는 것입니다. 어린이들은 이 책을 읽으면서 폭넓은 감수성을 함양하게 됩니다.

　〈who?〉 시리즈의 어린이 독자들이 책 속의 위인들을 통해 자신만의 멘토를 만나 미래의 세계적인 리더로 성장하기를 진심으로 응원합니다.

존 덩컨 미국 UCLA 동아시아학부 교수

존 덩컨(John B. Duncan) 교수는 한국학 분야의 세계적인 석학으로 미국 UCLA 한국학 연구소 소장 및 동 대학의 동아시아학부 교수를 겸직하고 있습니다. 하버드 대학교 교환 교수와 고려 대학교 해외 교육 프로그램 연구센터장을 역임했으며, 주요 저서로는 《조선 왕조의 기원》, 《조선 왕조의 시민 행정의 제도적 기초》 등이 있습니다.

세상을 더 나은 곳으로 만든
사람들의 이야기

어린이들은 자라면서 수많은 궁금증을 가지게 됩니다. 그중에서도 "저 사람은 누굴까?"라는 질문은 종종 아이들의 머릿속을 온통 지배해 버리기도 합니다. 다산어린이에서 출간된 〈who?〉 시리즈는 그런 궁금증을 해결해 주기 위해 지구촌 다양한 분야의 리더들을 소개하고 있습니다.

〈who?〉 시리즈에 등장하는 인물들은 인종과 성별을 넘어 세상을 더 나은 곳으로 만든 사람들입니다. 어린이들은 이 책에서 디지털 아이콘으로 불리는 스티브 잡스는 물론 니콜라 테슬라와 같은 천재 발명가를 만날 수 있습니다.

책 속 주인공들의 어린 시절 이야기를 통해 기쁨과 슬픔, 도전과 성취감을 함께 맛보고, 그들과 함께 성장하면서 스스로 창조적이고 인류에 도움이 되는 사람이 되겠다는 포부와 자신감을 갖게 될 것입니다.

〈who?〉 시리즈 속에서 다채롭고 생동감 넘치는 위인들의 이야기를 만나 보세요.

에드워드 슐츠 하와이 주립 대학교 언어학부 교수

에드워드 슐츠(Edward J. Shultz) 하와이 주립 대학교 언어학부 교수는 동 대학의 한국학센터 한국학 편집장을 역임한 세계적인 석학입니다. 평화봉사단 활동의 하나로 한국에서 영어 교사로 근무한 경험이 있으며, 현재 한국과 미국, 일본을 오가며 활발한 활동을 펼치고 있습니다. 저서로는《중세 한국의 학자와 군사령관》, 《김부식과 삼국사기》 등이 있고, 한국 중세사와 정치에 대한 다수의 기고문을 출간했습니다.

미래 설계의 힘을 얻는 길이 여기에 있습니다

어린이가 성장하는 시기에는 스스로 미래를 설계하며 다양한 책을 접하는 경험이 필요합니다.

어린 시절 만난 한 권의 책이 인생에 미치는 영향이 얼마나 큰지는 꿈을 이룬 사람들의 말을 통해서 알 수 있습니다. 빌 게이츠는 오늘날 자신을 만든 것은 동네의 작은 도서관이었다고 말하고, 오프라 윈프리는 어린 시절 유일한 친구는 책이었음을 고백하며 독서의 중요성에 대해 이야기합니다.

꿈을 이룬 사람들의 공통점은 또 있습니다. 그들에게는 어린 시절, 마음속에 품은 롤 모델이 있었습니다. 여러분의 롤 모델은 누구인가요? 〈who?〉 시리즈에서는 현재 우리 어린이들이 가장 닮고 싶어하는 롤 모델을 만날 수 있습니다. 버락 오바마, 빌 게이츠, 조앤 롤링, 스티브 잡스 등 세상을 바꾼 사람들의 감동적인 이야기를 담은 〈who?〉 시리즈는 어린이들이 구체적인 목표를 설정하고 희망찬 비전을 세울 수 있도록 도와줄 친구이면서 안내자입니다. 〈who?〉 시리즈를 통하여 자신의 인생 모델을 찾고 미래 설계의 힘을 얻을 수 있습니다.

송인섭 숙명 여자 대학교 명예 교수

숙명 여자 대학교 명예 교수이자 한국영재교육학회 회장으로 자기주도학습 분야의 최고 권위자입니다. 한국교육심리연구회 회장, 한국교육평가학회장, 한국영재연구원 원장을 역임했습니다. 자기주도학습과 영재 교육의 이론을 실제 교육 현장에 적용하기 위해 노력하고 있습니다.

평생을 이끌어 줄
최고의 멘토를 만날 수 있는 책

10대에 가장 중요한 것은 무엇일까요? 학과 공부와 입시일까요? 우리나라 최초의 국제회의 통역사로 30년 동안 활동하면서 글로벌 리더들을 만날 기회가 수없이 많았던 저는 대한민국의 초등학생들에게 특별한 조언을 해 주고 싶습니다. 그것은 큰 꿈을 가지는 것이 무엇보다 중요하다는 것입니다.

꿈은 힘들고 지칠 때 나를 이끌어 주는 힘이고 내 인생의 주인이 되어 일어설 수 있게 하는 원동력이 되어 줍니다. 꿈이 있는 아이가 공부도 잘하고 결국 그 꿈을 실현할 수 있게 되는 것입니다. 저 역시 어린 시절 품었던 꿈이 지금의 자리에 있게 한 원동력이었습니다. 남들이 모르는 큰 꿈을 마음속에 간직하고 있었기에 괴롭고 힘들어도 포기하지 않고 다시 일어설 수 있었습니다.

어린 시절 저에게도 힘들고 지칠 때마다 용기를 불어넣어 주고 힘이 되어 주었던 분들이 있었습니다. 지금의 자리로 저를 이끌어 준 멘토들처럼 〈who?〉 시리즈에서 여러분의 친구이자 형제, 선생이 되어 줄 멘토를 만날 수 있기를 바랍니다.

최정화 한국 외국어 대학교 교수

우리나라 최초의 국제회의 통역사로 현재 한국 외국어 대학교 통번역대학원 교수로 재직 중입니다. 세계 무대에서 자신의 꿈을 이룬 여성 신화의 주인공으로, 역시 세계에서 꿈을 펼치려고 하는 청소년들에게 멘토로서의 역할을 충실히 하고 있습니다. 저서로는 《외국어 내 아이도 잘할 수 있다》, 《외국어를 알면 세계가 좁다》, 《국제회의 통역사 되는 길》 등이 있습니다.

차 례

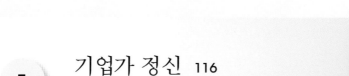

등장 인물

- 이름: 피터 드러커
- 생몰년: 1909~2005년
- 국적: 미국
- 직업·활동 분야: 경영학
- 대표작: 《경제인의 종말》, 《피터 드러커 매니지먼트》, 《자기경영 노트》

피터 드러커

오늘날 기업은 경제 활동의 중심이 되었습니다. 피터 드러커는 그러한 기업을 잘 경영하는 방법을 누구보다 앞서 연구한 사람이에요. 어린 시절부터 두 번에 걸친 세계 대전과 경제 대공황과 같은 세계적인 어려움을 마주하였지요. 과연 이런 상황 속에서 피터는 어떻게 '경영학의 아버지'로 우뚝 설 수 있었을까요?

조지프 슘페터

피터 아버지의 친구로, 피터가 어렸을 적부터 알고 지냈어요. 피터처럼 오스트리아에서 미국으로 왔으며, 당대의 저명한 경제학자였답니다. 그의 이론은 나중에 피터가 기업의 역할에 대한 생각을 정리하는 기반이 되었어요.

헨리 베른하임

피터가 은행에서 일할 때 만난 사람 중 하나로, 런던의 백화점을 경영했어요. 피터에게 고객을 우선으로 생각하는 경영의 원칙과 사회에서 책임을 다하는 기업의 모습을 알려 주지요. 이는 훗날 피터가 기업 경영에 대한 논리를 세우는 데 도움을 주었답니다.

들어가는 말

■ 올바른 기업 경영 방법을 제시하고, 현대 사회에서 사람들이 성과를 낼 수 있는 방법을 알려준 피터 드러커에 대해 알아보아요.

■ 피터 드러커가 태어난 오스트리아의 역사와 특징을 알아봅시다.

■ 경영학이란 무엇이고, 경제학이나 다른 학문과는 어떤 차이가 있는지 살펴보아요.

■ 여러분이 생각하는 올바른 경영은 무엇인가요?

1 호기심 많은 꼬마 신사

피터 드러커는 1909년 오스트리아 빈에서 태어났습니다.

아버지 아돌프는 경제학자이자 장관이었으며, 어머니 캐럴라인은 오스트리아에서 의학을 배운 최초의 여성이었습니다.

젊은 시절 피아니스트였던 피터의 할머니는 근방에서 손꼽히는 부자였습니다. 피터는 할머니의 집에 자주 놀러 가곤 했습니다.

당연하지. 너 같은 장난꾸러기를 내버려 두면 또 무슨 말썽을 피울지 모르잖니?

에이, 망했다.

다녀오세요, 마님.

왜
그러시는데요?

나이프가 잘 들지
않으니 바꿔 줘요.

아휴, 그냥 쓰시지
까다롭게 구시네요.
이리 주세요.

죄송합니다, 부인.
앞으로 주의할게요.

쩔쩔

종업원이 나이프를 바꿔 준 뒤,
할머니는 식사를 계속했습니다.

멀뚱

피터,
왜 그러니?

아, 아무것도
아니에요.

내가 무섭니?

네? 그, 그게
아니라…….

피터, 넌 아직 어리니까 이런 말을 해도 무슨 뜻인지 모를 거다.

하지만 기억해 두면 언젠가는 분명 도움이 될 게야.

네…….

자기가 하는 일에 책임감을 가져야 해. 자기 일을 하찮게 여기면 안 된다.

네, 알겠어요!

네가 무슨 일을 하든 항상 최선을 다하렴.

명심할게요, 할머니.

자, 그럼 진짜 볼일을 보러 갈까?

할머니는 상점을 돌아다니며 물건을 구입했습니다.

다음에 또 오십시오, 부인.

곧 가족 휴가를 간다지?

네, 아드리아 해변으로요.

그래. 휴가 때 쓰라고 선물을 몇 개 골랐다.

고맙습ㄴ

아까 나올 때 보니 우리 집 하녀의 신발이 낡았기에 하나 샀단다.

어? 그건 뭐예요?

할머니는 엄격한 분이었지만 마음만은 따뜻했습니다. 피터는 아랫사람을 자상하게 보살펴 주는 할머니의 인자한 모습에 깊은 감동을 받았습니다.

어머나, 마님! 정말 감사합니다!

며칠 뒤, 피터네 가족은 외무성 장관인 아버지의 휴가를 맞아 아드리아 해변에 머물게 됐습니다.

어? 근데 이게 뭐지?

쪼르르

이거 게잖아? 우아, 신기해!

대체 무슨 일인가?

오스트리아 황태자 부부께서 사라예보 방문 중에 암살당하셨습니다.

아니, 뭐라고? 그게 정말인가?

피터의 가족은 서둘러 오스트리아로 돌아와야 했습니다.

황태자 부부 암살 사건으로 오스트리아
거리는 소란스러웠습니다. 피터는 사람들의
광기 어린 모습에 큰 충격을 받았습니다.

오스트리아의 황태자 부부가 세르비아 청년에게 암살당하자,
오스트리아는 세르비아에 선전 포고를 했습니다.

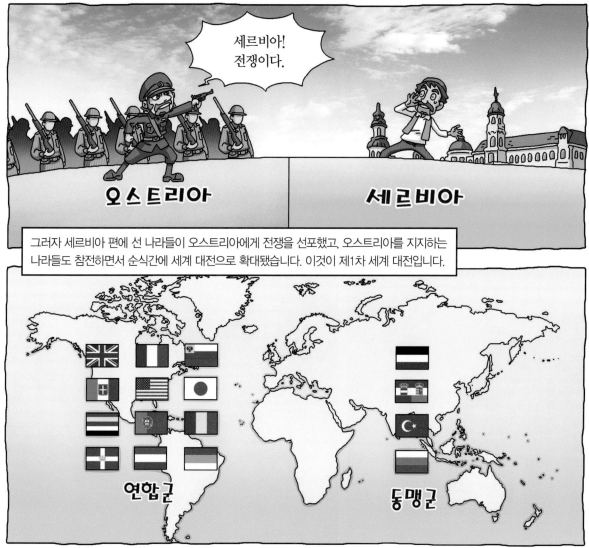

세르비아!
전쟁이다.

오스트리아

세르비아

그러자 세르비아 편에 선 나라들이 오스트리아에게 전쟁을 선포했고, 오스트리아를 지지하는
나라들도 참전하면서 순식간에 세계 대전으로 확대됐습니다. 이것이 제1차 세계 대전입니다.

연합군

동맹군

*선전 포고: 다른 나라에 대하여 전쟁을 시작할 것을 공식적으로 알리는 일

전쟁의 소용돌이에 휘말린 오스트리아 사회는 점점 더 불안해지고 있었습니다.

세르비아를 타도하라!

와 아 아 아

영국을 물리쳐라!

드러커 장관님! 새로운 소식이 왔습니다!

탕 탕 탕 탕

음? 피터 아니니? 여기서 뭐 하니?

저도 아버지와 아저씨들 말씀하시는 걸 듣고 싶어서요.

이제 곧 잘 시간이니 네 방으로 가렴.

방해하지 않고 그냥 조용히 듣고만 있을게요. 여기 있게 해 주세요.

하지만, 피터. 네가 이해하긴 너무 어려울 거야.

다 알아듣진 못하지만 재미있어요.

그리고 저도 이 대화에 낄 자격이 있어요. 왜냐하면 저도…….

저도 신사이니까요!

맞아, 우리 피터도 신사이고말고!

뿌하하하

그럼 우리 꼬마 신사의 자리도 마련해 주마.

껄껄

피터는 한쪽에 작은 의자를 놓고 어른들의 대화를 유심히 들었습니다. 이때부터 피터는 다른 사람의 이야기를 주의 깊게 듣는 습관을 갖게 됐습니다.

피터 드러커의 성공 열쇠

피터 드러커는 현대 경영학의 아버지라 불립니다. ⓒ Jeff McNeill

피터 드러커는 오스트리아 빈 출신의 미국인으로 오늘날 현대 경영학의 아버지로 불리고 있습니다. 그는 '기업은 이익만을 추구하는 것'이라는 기존의 학설을 깬 것으로 유명해요. 드러커는 경영이 우선 고객의 편의를 추구해야 한다고 주장했습니다. 건강한 사회로 발전하기 위해서는 이윤보다 사람이 중심이 되는 '올바른 경영'이 필요하다고 생각했던 것입니다. 또한 1959년, 피터 드러커는 '지식 근로자'라는 개념을 생각해 냅니다. 단순하게 육체 노동만 하던 시대에서 벗어나, 정보를 가지고 성과를 내는 지식 근로자들이 세상을 발전시킬 것이라 본 것이에요.

그는 자신의 생각을 바탕으로 많은 기업에 조언을 주었고, 경영 컨설턴트라는 개념도 이때부터 널리 알려지게 됩니다. 현재 전 세계 기업은 대부분 피터 드러커의 경영 철학에 영향을 받고 있다고 해도 과언이 아니에요.

그렇다면 피터 드러커가 어떤 성공 열쇠를 가지고 현대 경영학에 기여하는 위대한 학자가 될 수 있었는지 살펴봅시다.

피터 드러커가 다녔던 독일 함부르크 대학
ⓒ HerrBerta

하나   남의 말에 귀를 기울이다

피터의 장점 중 하나는 남의 말을 열심히 듣는 것이었습니다. 피터의 아버지는 외무성 장관이었기 때문에, 집안에는 프로이트나 슘페터 같은 오스트리아의 당대 석학들이 모여들곤 했습니다. 피터는 어린 시절부터

이렇게 아버지와 친구들이 세계정세, 인문, 철학, 사상에 관해
토론하는 모습을 자연스럽게 지켜보며 자랐습니다. 피터는
어른들의 얘기를 주의 깊게 들은 뒤에, 차분히 자신의 생각을
정리하는 습관을 길렀어요. 그러는 와중에 여러 사람의 말을
하나하나 되새겨 보며, 하나의 주제를 여러 방면에서 보게
됐습니다. 이런 경험 덕분에, 피터 드러커는 다른 사람의
생각을 존중하며 다양한 의견을 듣는 것을 즐기는 습관을
지니게 되었어요.
다양한 생각과 가치를 귀 기울여 들은 피터는 '현대
경영학'이나 '지식 근로자' 등과 같이 자기만의 독특한 사상을
발전시켜 나갈 수 있었습니다.

세계적인 정신분석학자 지크문트 프로이트.
어린 피터 드러커는 프로이트를 비롯해 아버지를
찾아온 당대의 석학들을 만날 수 있었습니다.

둘 가풍

피터 드러커의 아버지는 고위급 장관이었고 어머니는
오스트리아에서 최초로 의학을 배운 여성이었습니다.
할머니 역시 귀족 집안 출신으로, 젊은 시절에는
피아니스트이기도 했지요. 피터 역시 할머니에게
피아노를 배우며 예술적 소양을 키웠습니다.
드러커의 가족은 상류층이었으나, 자신들의 명예와
부를 내세우기보다는 다른 사람들을 배려하고
그들의 모범이 되고자 했습니다. 할머니는 비천한
일을 하는 사람에게도 관심을 갖고 이웃의 생활을
챙겨 주었고, 아버지 역시 정치가로서 나치가 힘을
잃을 수 있도록 노력했습니다.

피터가 태어난 오스트리아 빈 전경
© carolynconner

피터가 훗날 기업의 '노블레스 오블리주(명예와
부를 언젠가 사회에 돌려주어야 한다는 의식)'를
중요하게 생각한 것에도 이러한 집안 분위기의 영향이
있었습니다.

셋 양심을 저버리지 않는 용기

독일 신문사 〈게네랄안차이거〉의 기자로 활동하던 피터 드러커는 나치가 얼마나 위험한 정당인지 꿰뚫게 됩니다. 그는 나치의 히틀러를 인터뷰하면서 그가 유럽은 물론 전 세계에 다시 전쟁을 일으킬 수 있는 위험한 인물이라고 생각했으며, 그 뒤 주위 사람들에게 히틀러와 나치의 위험성에 대해 알리고자 노력했지요. 하지만 아직 나치의 세력이 강하지 않았고, 독일 국민들은 경제 문제를 해결하겠다는 나치의 주장에 현혹되었기 때문에 피터의 말을 귀담아듣지 않았습니다. 결국 나치가 독일의 정권을 잡게 되었어요. 피터는 히틀러가 집권한 정부 밑에서는 살 수 없다고 생각하고 곧 독일을 떠날 계획을 세웠습니다. 하지만 이대로 독일을 떠나기에는 언론인으로서의 양심이 허락지 않았습니다.

피터는 유대인 철학자인 슈탈의 이론을 통해 나치와 히틀러를 비난하는 소책자를 발간합니다. 이를 본 나치는 즉각 피터가 발행한 소책자를 모두 거둬들여 불태웠고, 피터를 잡아들이려고 했습니다. 다행히도 피터는 가까스로 독일을 탈출했는데, 만약 그가 독일에 남았더라면 나치에 의해 목숨을 잃었을 것입니다.

거리 행진 중인 히틀러. 피터 드러커는 위협을 무릅쓰고 나치를 비판하는 글을 썼습니다.

넷 열린 마음

피터는 미국으로 이주한 뒤, 경영학에 관심을 갖게 됩니다. 그러나 당시 대부분의 학자들 사이에서는 경영학을 경제나 정치에 비해 훨씬 저급한 학문으로 보는 경우가 많았습니다. 미국 대공황이 대기업의 잘못된 경영으로 발생했다는 비판도 거셌고, 기업은 이기적인 집단이라는 이미지가 강했기 때문에 경영학을 속물적인 학문으로 생각했지요.

기업 경영을 연구하는 피터 드러커에 대한 기존 학자들의
반발은 좀처럼 수그러들지 않았습니다. 그중에는 미제스라는
미국의 저명한 경제학자도 있었습니다. 그는 피터 드러커의
아버지인 아돌프 드러커의 제자였으며, 피터 드러커를 직접
지도한 스승이기도 했어요. 미제스는 피터 드러커가 자신의
뒤를 잇는 훌륭한 경제학자가 될 거라 믿었기에 누구보다
실망이 컸습니다. 이미 피터는 정치와 경제학 교수로 자리를
잡았는데, 기업 경영을 연구한다는 것을 아쉬워했어요. 이에
피터는 기업 활동을 통해 사람들이 경제적인
만족을 얻기 때문에, 경영을 연구하는 것도
경제학만큼 의미 있을 수 있다고 반박했습니다.
피터는 연구를 통해 기업이 더욱 효과적으로
운영될 수 있는 방법을 찾았고, 경영학이라는
학문적 기틀을 세웠습니다. 다른 사람들과 달리
피터는 현대 사회에서 기업은 이제 사회에서
중요한 위치를 차지하게 되었다는 점을
알아보았고, 기업을 잘 이끌어서 사회의 발전에
기여할 수 있는 방법을 찾았습니다.

루트비히 폰 미제스 역시 오스트리아
출신의 미국 경제학자입니다.
© Ludwig von Mises Institute

각국의 기업들은 세계 경제 흐름에 중요한 역할을 맡고 있습니다.
© Ana Paula Hirama

who? 지식사전

피터 드러커와 제너럴 모터스

제너럴 모터스(GM)는 세계적인 자동차 회사로, 1908년 미국에서 시작되었습니다. 자동차 외에 가전제품을 생산하고, 항공
우주 산업에도 진출한 세계적인 기업입니다. 오랜 세월 동안 자동차 업계의 선두에 있었지요. 특히 1970년대와 1980년대의
성장이 두드러졌습니다. 이 배경에는 1920년대부터 제너럴 모터스의 최고 경영자였던 알프레드 슬론의 참신한 전략이
있었습니다. 그는 고객을 세분화한 뒤, 각 고객에게 맞는 자동차를 팔도록 했어요.
1943년, 제2차 세계 대전이 한창이고, 알프레드 슬론이 아직 제너럴 모터스의 최고 경영자로 있던 시기에, 제너럴 모터스는
피터 드러커에게 회사를 평가하고 앞으로 회사가 나아갈 방향을 알려달라는 요청을 합니다. 이 일을 계기로 피터는 더욱
전문적으로 기업 경영을 연구할 수 있었습니다. 또, 그 결과 기업 경영 컨설팅으로도 명성을 떨치게 되었습니다.

2 쇠락한 오스트리아

오스트리아 거리에는 전쟁을 찬성하는 사람들의 집회가 매일같이 벌어졌습니다.

이 전쟁으로 오스트리아가 큰 피해를 입고 있어.

오늘 신문만 봐도 온통 전쟁에서 다친 사람 사진뿐이야.

전쟁이 인류의 멸망을
앞당기고 있네.

전쟁이 인류를
멸망시킨다고?

후다닥

피터?

피터, 집 안에서는
함부로 뛰지 않기로
약속했잖니?

죄송해요,
어머니.

그런데 표정이
창백하구나.
무슨 일 있니?

어머니,
신문 어디 있어요?

밖에서는 매일 사람들이 전쟁을 하자고 부추기잖아요.

이렇게 사람들이 많이 죽는데 왜 전쟁을 하자고 외치는 거죠?

피터, 그건 말이야……

때로는 사람들이 잘못된 주장을 할 수가 있단다. 뒷일을 생각하지 않고 감정이 앞서게 되면 올바른 판단을 못하기 때문이지.

그럼 그러지 말자고 설득하면 되잖아요.

지금 오스트리아 인들은 모두 하나의 집단이 되어서 전쟁을 하자고 목소리를 높이고 있어.

이런 사회 분위기에서는 옳지 않아도 어쩔 수가 없단다. 그냥 목소리가 들리는 대로 따라가는 거지.

하지만 아버지는 전쟁에 반대하시는데요?

그런 목소리들은 집단 속에서 아주 작게 들리거든.

그럼 전 아무것도 할 수 없나요?

피터, 넌 아직 어려. 이다음에 어른이 돼서 해도 늦지 않단다.

전쟁이 일어난 지 4년이 지나고 피터가 아홉 살이 되던 해에
오스트리아가 속한 동맹국이 패하면서 마침내 전쟁이 끝났습니다.

저 사람들은 누구죠?

*패잔병들이지.
전쟁에서 패한 군인만큼
처참한 사람은 없단다.

다그닥 다그닥

*패잔병: 싸움에 진 군대의 병사 가운데 살아 남은 병사

할머니의 형편도 전과 같지 않았습니다. 돈의 가치가 떨어지면서 할머니의 막대한 재산도 휴지 조각이 됐기 때문입니다.

소식을 들은 피터와 아버지는 서둘러
할머니를 모시러 갔습니다.

할머니, 저 왔어요!
피터가 왔다고요!

벌컥

피터, 이 녀석아.
문 부서지겠구나.

괜찮으십니까?
하인들이 모두
떠났다면서요.

나라 경제가 어려우니 어쩌겠니? 잠깐 있어라. 차를 내오마.

너한테 신세 질 생각은 없다. 내 방식대로 살아갈 거야.

그러지 마시고 저희 집으로 가세요. 애들 엄마도 어머니를 모시고 오라고 신신당부했어요.

하지만 생활은 어떻게 하시려고요? 요즘에는 하인을 구하기도 힘들다고요.

대체 뭐가 문제니?

청소야 운동 삼아 하면 되고, 아직 요리 실력도 거뜬하단다.

항상 하인들의 시중을 받으며 지내시던 할머니가 모든 일을 직접 하셔야 한다니!

아버지는 결국 할머니의 고집을 꺾지 못했습니다. 누구의 도움도 받지 않겠다는 할머니의 자존심을 지켜 드리기로 한 것입니다.

이게 다 전쟁으로 오스트리아 경제가 완전히 무너졌기 때문이란다.

아버지, 어떻게 하면 경제를 다시 살릴 수 있을까요?

우선 사회가 안정돼야지. 사회에 꼭 필요한 인재가 되기 위해서라도 열심히 공부해라, 피터.

피터는 할머니의 형편이 어려워진 것과 거리의 거지들을 보며 깊은 생각에 잠겼습니다. 전쟁과 인플레이션, 그로 인한 경제 붕괴를 온몸으로 느꼈던 것입니다.

십 대 청소년이 된 피터는 우리나라의 중·고등학교에 해당하는 김나지움에 입학했습니다. 피터는 사회에 도움이 되는 훌륭한 사람이 되기 위해 누구보다 열심히 공부했습니다.

아버지 아돌프는 피터를 모임에 자주 데리고 다니며 지성인들과 자연스럽게 어울리게 했습니다. 덕분에 피터는 당대 최고의 석학인 프로이트, 슘페터, 토마스 만과 어려서부터 친분을 쌓을 수 있었습니다.

피터, 요즘도 경제학에 관심이 많니?

피터는 경제학자 슘페터와 모임에서 자주 만나 경제학에 대해 얘기하며 지식의 폭을 넓힐 수 있었습니다.

아돌프, 다음 모임에선 피터의 논문에 대해 들어 보는 게 어떨까?

우리 피터 말인가?

슘페터 씨의 얘기를 들으니 피터의 논문이 궁금해지는군요.

피터, 다음 모임에 네 논문을 발표할 기회를 주마. 해 보겠니?

정말 제게도 기회를 주시는 건가요?

물론이지! 기대하고 있으마.

얼마 뒤, 피터는 모임에서 자신의 논문을 발표할 기회를 얻습니다. '파나마 운하가 국제 무역에 미치는 영향'이라는 주제였습니다.

국제 무역의 중심은 파나마 운하로 인해 유럽에서 미국으로 바뀌게 될 겁니다.

자, 여러분. 이 소년이 세계 무역의 흐름을 완전히 꿰뚫었군요. 피터는 분명히 오스트리아의 보배가 될 겁니다.

정말 놀랍구나. 피터, 네가 지금 몇 살이지?

열다섯 살입니다.

피터는 오스트리아 지식인들의 관심과 격려를 받으며, 크나큰 자신감을 얻게 됐습니다.

세상에!

이 골목을 지나가다가는 돈이고 뭐고 빼앗기기 십상이야. 조심해야 한다고!

얼른 가자. 이제 여긴 얼씬도 하지 말라고.

길거리의 사람들은 저렇게 굶어 죽는데 학자들끼리 경제에 대해 떠드는 게 대체 무슨 소용이지?

공부만 할 게 아니야. 김나지움을 졸업하면 취업을 해야겠어. 하루라도 빨리 사회 경험을 쌓을 거야.

그게 무슨 소리냐? 취직을 한다니?

방금 말씀드린 대로 김나지움을 졸업하면 취직할 거예요.

취직이라니. 넌 대학에 가야해. 우리 집안은 대대로 명망 있는 학자 집안이야.

유럽에서는 고등학교를 졸업하고 성인이 되면 취업을 하여 돈을 버는 것이 일반적이었습니다.

하지만 피터의 집안은 대대로 학자 가문이어서 아버지는 피터가 대학에 진학해 전통을 이어 주길 바랐습니다.

안 된다. 넌 대학에 가서 학자가 돼야 해.

아버지, 이런 세상에서 한가롭게 공부나 하는 건 사치예요.

그 뒤로 몇 달 동안, 대학 진학 문제를 두고
피터와 아버지 사이의 갈등이 계속됐습니다.

다녀왔어요…….

어흠!

휴, 답답해.

훌륭한 지성인
한 명이 이 세상을
구원할 수도 있어!

아버지의 말이 꼭 틀린 건
아니지만 답답하게 공부만 하긴
싫어. 어떡하면 좋을까?

그래! 이렇게
시간만 낭비할 순 없어.
이제 결단을 내리자!

오랜 고민 끝에 피터는 부모님께 자신의 생각을 밝히기로 했습니다.

또 쓸데없는 고집을 부릴 거면 말도 꺼내지 마라.

아닙니다. 대학에 가겠습니다.

멈칫

그, 그래? 늦었지만 잘 생각했구나.

하지만 사회 경험도 함께 쌓고 싶습니다.

뭐? 그건 또 무슨 소리냐?

말씀드린 대로입니다. 학업을 병행할 테니 제가 취업하는 걸 허락해 주세요.

흠……. 그럼 대학은 어디로 갈 생각이냐?

독일 함부르크 대학입니다.

여기 오스트리아에서 공부해도 될 텐데 굳이 멀리 독일까지 갈 필요 있니?

공부든 사회생활이든 부모님 곁을 떠나 온전히 제 힘으로 해 보고 싶어요.

오스트리아의 역사

오스트리아의 정식 명칭은 오스트리아 공화국으로 독일, 이탈리아, 헝가리, 스위스, 슬로베니아 등 여러 유럽 국가들과 이웃하고 있어 일종의 다리 역할을 하는 나라입니다. 이런 위치 덕분에 오스트리아는 예전부터 다른 나라의 문화를 다양하게 접할 수 있었어요. 오스트리아는 바다가 없고 산이 많은 것이 특징입니다. 서부 지역은 날씨가 춥고 눈도 많이 내리지만 동부 지역은 따뜻하고 비도 거의 내리지 않아 전혀 다른 느낌을 준답니다. 그럼 오스트리아의 역사에 대해 자세히 알아볼까요?

오토 1세는 신성 로마 제국을 세웠는데, 오스트리아도 여기에 속했습니다.

하나 | 신성 로마 제국

지중해 지역을 정복했던 로마는 결국 게르만족의 침략에 멸망했습니다. 게르만족이 세운 나라 중 하나인 프랑크 왕국은 현재 독일 지역에서 세력을 키웠어요. 프랑크 왕국은 843년 동프랑크, 서프랑크, 중프랑크로 갈라졌어요. 이 나라들은 각각 독일, 프랑스, 이탈리아로

who? 지식사전

푄 현상으로 만들어진 구름
© AbhijeetRane

알프스산과 푄 현상

푄 현상은 습기가 많은 공기가 산을 넘어가면서 따뜻하고 건조한 바람으로 바뀌는 현상을 말합니다. 공기가 산 위로 올라갈 때 눈이나 비를 뿌리기 때문에 반대편으로 내려올 때는 습기가 거의 남아 있지 않게 됩니다. 오스트리아는 해마다 봄이 되면 알프스산 쪽에서 푄 현상이 일어납니다. 산 한쪽에는 눈이 항상 남아 있지만, 따뜻한 푄 바람이 부는 곳은 눈이 일찍 녹고 꽃이 피지요. 북아메리카 로키산맥 동쪽에서 불어오는 푄 바람은 치누크(chinook)라고 부르며, 우리나라 태백산맥을 넘어 영서 지방으로 부는 푄 바람은 높새바람이라고 합니다.

발전하게 되지요. 이 중 동프랑크에서 나타난 오토
1세는 용맹하게 싸워 거대한 제국을 건설하는데 이것이
바로 신성 로마 제국입니다.

분열된 프랑크 왕국. 이중 동프랑크에서 신성 로마 제국이 나왔
습니다.

둘 | 오스트리아 제국

신성 로마 제국 안에는 300여 개의 작은 나라들이
모여 있었습니다. 여러 나라로 이루어졌던 신성
로마 제국은 시간이 흐르며 점차 분열하였고,
세력도 약해졌습니다. 그러던 중 프랑스에서 등장한
나폴레옹의 침략으로 최대 위기를 맞게 되었어요.
나폴레옹은 신성 로마 제국의 작은 공국들을
굴복시켜서 '라인 동맹'을 만듭니다. 라인 동맹으로 여러
공국들이 실질적으로는 프랑스의 영향력 아래 있게 되었어요.
신성 로마 제국의 수많은 공국이 이렇게 나폴레옹의 지배를
받게 되자, 신성 로마 제국의 황제였던 프란츠 2세는 당시
신성 로마 제국에서 가장 세력이 강했던 오스트리아를
제국으로 승격시키고, 오스트리아 제국의 황제가 됩니다.
그리고 결국 1806년 신성 로마 제국은 해체합니다.
하지만 오스트리아 제국은 나폴레옹과의 전쟁에서 마침내
승리를 이루어 냈습니다. 이즈음 프랑스에서 2월 혁명이
일어나자, 혁명의 영향으로 오스트리아 제국 내에서도
자유주의 운동이 일어났습니다.

신성 로마 제국의 황제 프란츠 2세는 오스트리아
제국 황제 프란츠 1세이기도 했습니다.

셋 | 오스트리아 - 헝가리 제국

신성 로마 제국이 사라진 뒤 독일 지역의 새로운 강자로
떠오른 곳이 프로이센이었습니다. 1866년, 오스트리아는
영토 문제로 자주 갈등을 빚던 프로이센과 결국 전쟁을 치렀고
이 전쟁에서 프로이센이 승리합니다.

오스트리아와 프로이센이 치른 이 전쟁을 '7주 전쟁'이라고 합니다. '7주 전쟁'의 결과로 프로이센이 독일 지역에 세력을 떨치게 되었고, 1867년에는 북쪽에 있는 하노버와 그 주변 지역까지 완벽하게 통합하면서 독일 통일의 기반을 마련하는 데 성공합니다.

한편, 오스트리아 제국이 프로이센에 패하자 국민들은 황제가 전쟁에 대한 책임을 물어야 한다며 들고 일어나기 시작했습니다. 황제가 무능력하다는 평가가 거세지면서 오스트리아 황실의 지위가 흔들리자, 합스부르크 왕가는 비난을 면하기 위해 헝가리 귀족들을 설득하여 헝가리와 나라를 합치기로 합니다.

이로써 오스트리아-헝가리 제국이 탄생했습니다. 헝가리인들은 이 기회를 통해 강대국인 오스트리아인과 동등한 지위에 오를 수 있었어요. 또한 오스트리아 제국도 쇠퇴하던 나라의 규율을 바로잡고 다시 한번 도약할 기회를 잡게 됩니다.

독일 통일을 주도한 비스마르크

합스부르크 왕가의 상징

넷 제1차 세계 대전

오스트리아-헝가리 제국 시대는 약 50여 년간 이어졌습니다. 그러던 중 1914년 보스니아의 사라예보를 방문한 오스트리아 황태자 부부가 세르비아 자객에게 암살당한 사라예보 사건이 발생했어요. 오스트리아-헝가리 제국은 즉시 세르비아에 선전 포고를 했고, 결국 전쟁이 터지고 말았습니다. 세르비아는 오스트리아-헝가리 제국 안에 있는 슬라브 민족을 세르비아의 편으로 끌어들이고 싶었습니다. 때마침 사라예보 사건이 터지자, 러시아가 세르비아를 돕겠다며 참전을 선언했고, 과거 신성 로마 제국의 일원인 독일은 오스트리아

오스트리아-헝가리 제국의 상징

편에 서며 참전합니다. 독일의 세력이 더 강해질까
봐 걱정하던 영국도 세르비아를 돕겠다며 전쟁에
참여하면서 이 전쟁은 순식간에 세계 각국이
참여하는 세계 대전으로 확대되었어요.

사라예보 사건이 일어난 라틴 다리. 사라예보 사건은 제1차 세계 대전
의 도화선이 되었습니다. ⓒ Marcel Oosterwijk

다섯　오스트리아 – 헝가리 제국의 해체

제1차 세계 대전에 패배한 오스트리아–헝가리
제국은 강제로 해체됩니다. 전쟁 배상금으로
물자와 자본뿐 아니라 영토도 넘겨줘야
했습니다.
경제 대공황까지 겹치면서 사회가 극도로
불안해진 틈을 타서 오스트리아에도 나치가
생겨납니다. 오스트리아 나치와 독일 나치의 음모로
오스트리아는 독일에 합병되었고, 제2차 세계 대전의
전쟁터로 이용되며 폐허가 되고 말았습니다. 전쟁이 끝나고
또다시 패전국이 된 오스트리아는 연합군과 소련군의
지배를 받는 처량한 신세가 됐지요. 오스트리아는 물론이고
수도인 빈까지 연합군과 소련군이 각각 나눠서
점령했습니다.
그러나 1950년 미국과 소련의 냉전이 시작된 것을
기회 삼아 오스트리아는 그 누구의 영향도 받지 않는
중립국으로 새롭게 탄생했습니다. 오스트리아는
1955년 12월 유엔(국제 연합)에 정식으로 가입 승인을
받아 독립국으로 인정받았습니다.
이처럼 오스트리아는 세계 대전에서 두 번이나 패전하며
큰 위기를 겪었지만, 이후 국민들의 성실함과 정부의
적극적인 노력을 바탕으로 오늘날 세계적인 경제
대국으로 성장했습니다.

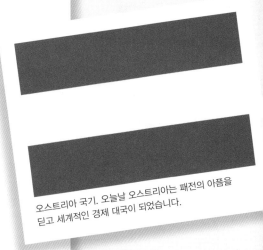

오스트리아 국기. 오늘날 오스트리아는 패전의 아픔을
딛고 세계적인 경제 대국이 되었습니다.

3 독일 유학 생활

피터는 독일 함부르크 대학 법대생이자 무역 회사 *수습생으로 눈코 뜰 새 없이 바쁘게 지냈습니다.

피터, 내가 부탁한 계약서 다 작성했어?

네, 여기 있습니다!

어? 저희 제품 관련 서류도 챙겨 가셔야죠!

아차! 내 정신 좀 봐. 정말 고마워, 피터!

*수습생: 실무를 배워 익히면서 일하는 사람

후유, 오늘도 시간이 어떻게 가는지 모르겠네.

회사 업무가 마무리되면 피터는 대학 도서관으로 가서 책을 읽었습니다.

일과 학업을 병행하는 것은 힘든 일이었지만, 피터는 아버지와의 약속을 지키기 위해 공부도 게을리하지 않았습니다.

크리스마스가 가까워 오자, 피터는 가족을 만나기 위해 오스트리아의 고향 집으로 돌아왔습니다.

와!
이게 무슨
일이지?

귀하의 논문 〈파나마 운하가 세계 무역에 미치는 영향〉을 보았습니다. 상당히 훌륭한 글이라고 판단되어 귀하를 내년에 발행할 신년 특집호 편집 회의에 초대하고자 합니다.

떨쩍

떨쩍

그것은 〈오스트리아 이코노미스트〉라는 주간지에서 보낸 초대장이었습니다.

〈오스트리아 이코노미스트〉는 오스트리아에서 가장 유명한 경제 잡지였습니다. 그런 잡지의 편집 회의에 초대됐다는 사실에 피터는 기분이 무척 좋았습니다.

하 하

이거야말로
최고의 크리스마스
선물이야!

크리스마스 아침, 편집 회의에 참석하기 위해 잡지사에 도착한 피터는 설레는 마음을 감출 수 없었습니다.

무슨 일로 오셨죠?

네, 전 피터 드러커라고 합니다. 신년호 편집 회의에 초대되어 왔습니다.

오! 어서 와요, 피터 군. 편집 회의실은 이쪽입니다. 내가 안내하죠.

네, 감사합니다.

이코노미스트 잡지사 편집 회의실

메리 크리스마스!
크리스마스 아침에 편집 회의라니
색다른 경험이군요!

벌컥

저 사람이 이코노미스트의
부편집장, 폴라니라네.

모두들 모이셨으니
편집 회의를
시작하겠습니다.

우선 신년호에 실을
기사부터 정합시다.
각자 의견을
말씀해 주세요.

제1차 세계 대전 이후
패전국들의 문제에 대해
다루면 어떨까요?

독일이 계속 전쟁 배상금을 내지 않고 버티고 있어요. 이 문제를 궁금해하는 독자가 분명 있을 겁니다.

세계 경제에 대해서도 다루죠. 지금 미국 주식 가격이 계속 치솟고 있거든요.

미국 경제가 계속 *호황일 거란 보장은 없어요. 주식 가격이 계속 오른다면 그 원인부터 파악해야 합니다.

편집 회의는 한동안 이어졌습니다. 피터는 폴라니의 경제 지식에 깊은 인상을 받았습니다.

*호황: 나라 경제가 좋은 시기

편집 회의실

저,
부편집장님.

음?
자네는 누군가?

처음 뵙겠습니다.
저는 피터 드러커라고
합니다.

피터…… 드러커?

아, 이제 기억났네!
파나마 운하에 관한 논문을
쓴 친구로군! 그 논문은
대체 언제 쓴 건가?

열다섯 살에
쓴 것입니다.

뭐? 열다섯에
벌써 그런 논문을
썼다고? 대단하군.

감사합니다.
괜찮으시다면 경제에
관해 얘기를 나눌 기회를
주시겠습니까?

하하, 물론이지.
오늘 저녁은
내가 사겠네.

아까 미국의 경기가
계속 좋을 수는 없다고
하셨는데 그 이유가 뭐죠?

경제는 보이지 않는 걸
볼 수 있어야 하네.

들어보게, 피터. 지금 미국처럼 경제가 좋을 때는 사람들이 돈을 펑펑 쓰게 된다네.

그렇죠. 당장 돈이 많으니까 물건도 많이 사려고 하겠죠.

사겠다는 사람이 왜 이렇게 많아? 값을 더 올려야겠다.

난 세 배로 드리지.

나한테 파시오.

두 배로 드리지.

이렇게 서로 사겠다고 하면 자연히 물건값은 비싸지게 된다네.

자, 그럼 생각해 보게. 이렇게 물건값이 계속 오르면 사람들은 어떻게 될까?

물건값이 계속 비싸지면······.

돈이 모자르니
물건을 못 사겠죠.

그래, 맞아.
그런데 가난해서 못 살 수도
있지만, 돈이 있는 사람들도
절약을 하게 된다네.

아휴, 한두 개만
사도 지갑이 텅 비네.
돈 좀 아껴야지.

나도 안 되겠어.
물건값이 너무 비싸.

그동안 너무 비쌌죠?
이제 값을 내릴게요.

엥? 가격이 자꾸
내려가잖아?

더 싸질 때까지
기다리자고.

피터의 상사가 서류만 붙잡고 끙끙대는 동안 회사의 매출은 점점 떨어지고 있었습니다. 하지만 경쟁사는 나날이 인도의 자물쇠 시장을 장악해 나갔습니다.

이 회사 자물쇠로 하나 주세요. 내 친구가 이걸 샀다고 어찌나 자랑을 하던지.

결국 피터가 다니던 회사는 얼마 못 가 문을 닫고 말았습니다.

직장을 잃은 피터는 자신이 다니던 회사가 왜 경쟁사에 밀렸는지 이해할 수 없었습니다. 피터는 직접 자물쇠 가게에서 경쟁사의 자물쇠를 챙겨 보기도 하였습니다.

우리 회사 자물쇠가 품질은 더 좋은 것 같은데……?

오스트리아의 도시와 명물

오스트리아의 빈에 위치한 도나우강 ⓒ lyng883

베토벤이 빈에 살 때 머물렀던 집 ⓒ roger4336

하나 ⟨ 유럽 문화의 중심, 빈

오스트리아 북동쪽에 자리잡고 있는 도시, 빈은 깊은 역사를 지니고 있습니다. 빈 근처에 있는 도나우강은 북서 유럽과 남유럽 지역을 연결하는 중요한 역할을 해 왔어요. 이와 같은 지리적 장점 때문에 빈은 정치, 문화, 예술, 과학의 중심지로 일찌감치 자리잡을 수 있었습니다.

또한 빈은 '음악의 도시'로도 불립니다. 18세기 말에서 19세기 초 사이에 모차르트, 베토벤, 하이든, 브람스, 말러와 같은 음악가들이 빈에서 활동했지요. 당시 음악에 조예가 깊었던 오스트리아 귀족들은 음악가가 좋은 음악을 만들 수 있도록 물심양면으로 지원했다고 해요. 지금도 빈은 세계 고전 음악의 중심지로 입지가 탄탄하기 때문에, 고전 음악을 배우려는 젊은이들이 이곳으로 모여들고 있습니다.

who? 지식사전

하이든은 교향곡의 아버지라 불립니다.

프란츠 요제프 하이든

'교향곡의 아버지'로 불리는 하이든은 베토벤을 가르치고 모차르트와도 친분이 깊었던 유명한 작곡가입니다. 그는 가난한 목수의 아들로 태어나 친척의 도움으로 겨우 교육을 받을 수 있었습니다. 소년 시절, 빈에 있는 성 스테파노 대성당의 소년 합창단에 들어간 하이든은 자신의 뛰어난 음악성을 드러내며, 당시 오스트리아의 여황제인 마리아 테레지아의 총애를 받았어요. 하지만 변성기가 시작되면서 할 수 없이 합창단을 나와야 했어요. 그러나 그는 포기하지 않고 혼자 힘으로 작곡을 공부했고, 그 결과 100곡이 넘는 교향곡을 작곡하여 '교향곡의 아버지'라는 명성을 얻게 됐습니다. 이후 헝가리의 귀족인 에스테르하지 공작이 하이든의 든든한 후원자가 되어 주면서 그는 오로지 음악에만 집중할 수 있었습니다.

잘츠부르크 전경 ⓒ Jaya KrishnA

둘 | 소금이 풍부한 북 로마, 잘츠부르크

잘츠부르크는 오스트리아와 독일의 국경이 접하는
잘차흐강 근처에 자리잡은 도시로 로마 시대에
생겨났습니다. 8세기경 무렵부터 가톨릭 주교가
통치하며 발전했기 때문에 가톨릭 문화의 영향이
많이 남아 있어요.
성 페터 수도원과 성 미하엘 성당, 카이에타 성당,
에어하르트 성당, 대주교 궁전, 미라벨 궁 등, 옛 모습을
간직한 아름다운 건축물이 많아서 '알프스의 북 로마'라는
별명도 있습니다.
잘츠부르크의 또 하나의 명물은 바로 '소금'입니다.
전통적으로 소금이 많이 나기로 유명한 잘츠부르크는 현재도
오스트리아 곳곳에 소금을 공급하는 역할을 맡고 있어요.
원래 잘츠부르크는 7세기 후반까지만 해도 사람이 거의 살지
않는 초라한 도시였지만, 소금 광산이 활성화되면서 엄청난
부를 쌓을 수 있었답니다. 도시의 이름인 잘츠부르크도 사실
'소금의 도시'라는 의미라고 해요. 이처럼 볼거리가 많은
잘츠부르크에는 모차르트 생가와 영화 〈사운드 오브 뮤직〉의
촬영 장소도 있어 해마다 많은 관광객이 찾아오고 있습니다.

미라벨 궁 앞에 있는 정원 ⓒ Mihai Bojin

볼프강 아마데우스 모차르트

오스트리아 잘츠부르크에서 태어난 모차르트는 기존 고전파 음악의 여러 가지 장점을 고루
합쳐서 자신만의 개성이 넘치는 음악을 만들었으며, 하이든과 함께 '빈 고전파'라는 새로운
양식을 세웠다는 평가를 받는 전설적인 음악가입니다. 그는 다섯 살 때 이미 작은 규모의
곡을 작곡할 만큼 음악 신동으로 재능을 드러냈습니다. 모차르트의 아버지는 그를 여황제
마리아 테레지아와 여러 귀족들 앞에서 연주하게 했지요. 십 대 시절부터 이미 작곡 의뢰를
받아, 〈피가로의 결혼〉, 〈돈 조반니〉 같은 오페라 걸작과 3대 교향곡으로 일컬어지는 〈제39번
E장조〉, 〈제40번 G단조〉, 〈제41번 C장조: 주피터 교향곡〉 등을 작곡했습니다.

모차르트

셋 | 합스부르크가의 여황제, 마리아 테레지아

마리아 테레지아는 혼란스러웠던 상황에서도
오스트리아를 안정적으로 통치했습니다.

18세기 유럽 왕실은 크게 두 세력으로 나뉘어 있었는데,
그중 하나가 오스트리아의 합스부르크 왕가였어요. 당시
합스부르크 가문을 이을 유일한 자손은 마리아 테레지아
공주였습니다. 당시 유럽에서 가장 아름다운 공주로
손꼽히던 마리아 테레지아는 빈으로 유학 온 미남 청년,
프란츠 스테판 공작과 사랑에 빠집니다. 두 사람은 결국
결혼에 성공했지요. 마리아의 아버지인 카를 6세가 죽은
뒤, 마리아 테레지아는 모든 영토를 상속받았습니다.
정치에 별 관심을 두지 않던 남편 대신, 마리아 테레지아는
합스부르크 왕가를 성공적으로 이끕니다. 계몽사상에
영향을 받은 그녀는 가난한 농민을 괴롭히는 것을
금지하는 법을 만들고, 교육 제도를 정비해서 평민들도
학교에 다닐 수 있게 했습니다. 또한 신분에 상관없이
군대에 가도록 하고, 평민 출신 군인에게도 귀족
출신과 같이 평등하게 봉급을 지급했습니다. 이 때문에
오스트리아의 군사력은 눈에 띄게 성장했고, 당시 유럽의
상황이 혼란스러웠음에도 불구하고 합스부르크 왕가가 안정을
이룬 배경이 됐습니다.

who? 지식사전

마리 앙투아네트

마리 앙투아네트

마리아 테레지아의 막내딸로 태어난 마리 앙투아네트는 오스트리아와 프랑스의 동맹을
위해 1770년 프랑스 국왕 루이 16세와 결혼하여 프랑스의 왕비가 됩니다. 아름다운 외모와
여성스러운 성격으로 '작은 요정'이라고 불리기도 했어요. 하지만 마리 앙투아네트의 평온한
삶은 얼마 가지 못했습니다. 당시 프랑스는 계몽사상에 영향을 받은 시민들이 혁명을
일으키려는 분위기였고, 이 상황에서 마리 앙투아네트는 사치와 향락을 일삼는 부패한
왕비라는 비난을 받아야 했습니다. 결국 프랑스 혁명이 일어나면서 그녀의 남편인 루이
16세가 먼저 처형됐고, 마리 앙투아네트 역시 얼마 뒤 단두대의 이슬로 사라지고 말았습니다.

넷 오스트리아의 향기, 커피

오스트리아 사람은 커피를 즐겨 마시는 것으로 유명합니다. 커피는 17세기 중반 처음으로 오스트리아에 들어왔어요. 당시 유럽의 강대국이었던 오스트리아는 여러 나라를 강력하게 통치하고 있었습니다. 그런데 이 지역을 호시탐탐 노리는 오스만 제국의 공격으로 늘 신경이 곤두서 있었지요. 1683년, 드디어 오스만 제국과 오스트리아 사이에 전쟁이 시작됩니다. 오스만 군이 오스트리아의 수도 빈을 포위하자, 빈을 구하기 위해 기독교 연합군이 힘을 모으기 시작했지요. 이때 콜시츠키라는 사람은 빈 시민들을 구하기 위해 오스만 제국의 터키인으로 변장해서 전쟁터로 들어갔습니다. 그의 활약으로 빈은 위기에서 탈출할 수 있었고 오스만 군은 허겁지겁 도망갑니다. 그들이 도망가면서 남긴 물건 중에는 커피 원두가 있었어요. 빈 시민들이 버리려고 했던 커피 원두를 가까스로 얻어온 콜시츠키는, 빈 시내에 최초의 카페를 만듭니다. 이후에는 우유와 꿀을 넣은 부드러운 커피도 만들어서 많은 사람의 사랑을 받았지요. 초기의 카페에는 주로 남성 귀족들만 드나들었지만 커피의 인기가 점점 높아지면서 평민들도 다닐 수 있게 됐고, 19세기부터는 여성들도 즐겨 찾게 됩니다. 카페는 손님들이 단순히 차만 마시는 공간이 아니었습니다. 함께 모여 카드놀이나 체스를 즐기는 놀이 공간이자, 당시 사회 문제와 사상을 토론하는 문화 공간이기도 했지요.

전성기 오스만 제국의 영토. 17세기 오스만 제국은 오스트리아를 포함한 유럽을 크게 위협하였습니다. ⓒ Bob3321

커피를 즐기는 오스트리아 시민들 ⓒ Andrew_D_Hurley

1800년대 빈에서 만들어진 커피 잔 ⓒ Jorge Royan

독일을 탈출하다

4

1929년, 독일 프랑크푸르트.

저는 함부르크
무역 회사에서 일하며
경제를 보는 시야를
넓혔습니다.

저의 경험을 바탕으로
이곳에서 열심히
일하고 싶습니다.

학교 성적도 좋고
무엇보다 열의가
넘치는군요.

감사합니다.
정말 열심히
하겠습니다.

지점장은 피터를 매일같이 닦달하기 일쑤였습니다. 이 때문에 피터는 어려운 문제를 해결하느라 끙끙댔습니다.

피터, 힘들지?

아닙니다, 선배님.

지점장님은 재능 있는 직원에겐 일부러 무섭게 대하셔. 그러니 너무 기분 나쁘게 생각하지 말게.

그게 무슨 말씀이시죠?

지점장은 직원들을 모두 다르게 대했습니다. 누군가에게는 친절하게, 누군가에게는 윽박지르며, 누군가에게는 무관심하게 대했습니다. 이는 지점장이 직원들마다 어떻게 해야 가장 높은 성과를 올리는지 알고 있었기 때문입니다.

그러던 어느 날이었습니다.

미국 본사에서 온 보고서네.

뉴욕의 경제 상황에 대해 분석한 내용이군.

보고서 내용이 많은 사람들에게 도움이 될 수 있겠다고 생각한 피터는 영어로 된 보고서를 독일어로 번역하여 신문사에 기고했습니다.

피터가 번역한 기사는 독일의 석간지 〈프랑크푸르트 게네랄안차이거〉에 *사설로 실렸습니다.

*사설: 신문이나 잡지에 글쓴이의 의견을 써내는 글

실업자들은 다른 지역에서 일자리를 구하기 위해
화물차에 올라타기도 했습니다. 차비조차 없을
만큼 궁핍한 처지였기 때문입니다.

미국에 본점이 있는 프랑크푸르트 투자 은행
역시 문을 닫게 됐습니다.

졸지에 직장을 잃은 피터는 새로운 직장을
찾아다녀야 했습니다.

실례합니다!
혹시 직원을 구하고
있지는 않으십니까?

피터는 포기하지 않았습니다. 다른 실업자들처럼
하루 종일 취업할 곳을 찾아 돌아다녔습니다.

일자리 구함

영어 능통
증권분석 능력
경제 전문가

일자리
구함

일자리 구함

2개국어
증권분석 능력
경제 전문가

직장을 구하기 위해 하루 종일 돌아다니느라 피터의 발은 퉁퉁 붓고 물집이 잡혀 상처투성이가 돼 있었습니다. 자신의 발을 본 순간, 피터는 왈칵 눈물이 쏟아졌습니다.

터덜

터덜

톡

이게 뭐지?
신문사에서 왜
내게 편지를?

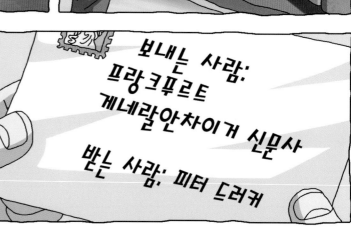

보내는 사람:
프랑크푸르트
게네랄안차이거 신문사

받는 사람: 피터 드러커

그것은 피터를 프랑크푸르트의 유명 신문인 〈게네랄안차이거〉의
기자로 채용하고 싶다는 내용의 편지였습니다.

예전에 자네가 우리 신문에 사설을 기고한 걸 알고 있네.

그건 미국 본사에서 건너온 보고서를 번역한 것뿐입니다. 대단한 건 아니에요.

뉴스 가치를 알아보는 건 중요한 능력이라네. 이참에 우리 신문사 해외·경제 뉴스 팀의 기자로 일해 보는 것이 어떤가?

저, 정말요? 기회를 주신다면 정말 열심히 해 보겠습니다!

피터는 누구보다 열심히 일하면서 〈게네랄안차이거〉에 꼭 필요한 기자로 성장해 나갔습니다.

또한 피터는 바쁜 외중에도 지식을 쌓는 일을 게을리하지 않았습니다. 함부르크 대학에서 프랑크푸르트 대학으로 옮긴 그는 법학 박사 학위를 취득했습니다.

피터는 실력을 인정받아 스물두 살의 젊은 나이에 강단에 서서 학생들을 가르쳤습니다.

여러분, 반갑습니다. 국제법 강의를 맡게 된 피터 드러커입니다.

그러나 당시 피터가 머무르고 있던 독일의 사회 분위기는 점점 어두워지고 있었습니다. 독일 국민들은 제1차 세계 대전 이후 막대한 전쟁 배상금을 물어야 했기 때문에 경제적으로 어려운 상황에 놓여 있었습니다.

당시 히틀러의 나치 당은 이 틈을 노리고 독일 국민들을 선동하며 세력을 넓혀 갔습니다.

내가 정권을 잡으면 전쟁 배상금 따위 갚지 않겠습니다. 방해하는 나라가 있다면 우리가 싸워서 이기면 됩니다!

전쟁 배상금을 안 갚아도 된다고? 그럼 다른 나라들이 가만 있지 않을 텐데?

방금 연설 못 들었어? 싸워서 이기면 된다잖아.

기자였던 피터는 히틀러를 인터뷰할 기회가 있었습니다. 피터는 히틀러의 진짜 모습을 알아보기로 마음먹었습니다.

나치는 어떻게 독일을 강한 나라로 만들겠다는 거죠?

우리 독일 게르만 민족은 가장 우수해요. 우리가 세상을 지배하는 건 당연합니다!

우선 이 땅에 살고 있는 다른 민족을 몰아내야지요.

히틀러가 정권을 잡으면 다시 한번 전 세계에 피바람이 불 거야.

히틀러가 얼마나 위험한 사람인지 세상에 알려야 합니다.

그래 봤자 히틀러는 그냥 비천한 놈일 뿐이에요.

그렇게 우습게 봐선 안 됩니다. 그는 야망을 품고 있어요!

피터는 히틀러의 생각이 위험하다는 것을 알리려 했지만, 당시 많은 사람들은 나치를 쉽게 생각했습니다.

피터. 정치인들이란 원래 허풍이 심하지 않나. 그러니 너무 예민하게 생각할 거 없네.

왜 모두들 히틀러가 위험하다는 걸 믿으려 하지 않지?

2년 뒤, 피터가 우려했던 일이 현실이 되고 말았습니다. 나치가 집권하면서 마침내 히틀러가 독일의 지도자가 되었습니다.

이, 이럴 수가!

이제 히틀러가 정권을 잡았으니 모두 끝장이야.

나치 정권 아래에서 살고 싶지 않아.

피터는 독일을 떠나기로 결심했습니다. 히틀러가 다스리는 나라에 살고 싶지 않았기 때문입니다.

피터는 떠나기 전 언론인으로서 양심을 지키고 싶었습니다. 그래서 목숨을 걸고 나치를 비판하는 글을 쓰기로 합니다.

나치와 히틀러의 본색을 세상에 알릴 수 있는 방법이 없을까?

나치는 독일 게르만 민족만이 위대하다고 주장하며 유대인을 차별했습니다.

왜 우리만 그래야 하죠? 명령에 따를 수 없습니다.

유대인은 모두 가슴에 육각 별을 달아 유대인이라는 걸 표시해라!

감히 나치에게 반항하는 거냐? 처형해!

뭐라고요?

탕

진짜로 쐈어.

맙소사.

군말 없이 따라라.
그러지 않으면
즉시 처형하겠다!

피터가 독일에 있을 때는 아직 나치가 유대인에게
심각한 위협을 가하지 않았습니다. 하지만 탄압은 점차
심해져서, 나중에는 유대인을 학살하는 일도 벌어집니다.

19세기 철학자 슈탈의
생각을 바탕으로 책을 쓰는 거야.
나치의 위험성을 알리기에 좋겠지.
게다가 슈탈은 유대인이었으니
더할 나위 없군.

타

타

탁

피터는《프리드리히 슈탈- 보수적 국가 이론과 역사 발전》이라는 소책자를 발간합니다.

프리드리히 슈탈
보수적 국가 이론과
역사 발전

피터 드러커

모든 인간은 자유를 가질 수 있다. 그러나 독재자가 나타나면 나머지 사람들의 자유는 사라질 것이다.

피터는 이 책을 통해서 사람들의 자유를 빼앗는 히틀러를 비판했던 것입니다.

하일, 히틀러!

어떤 놈이 감히 나를 비난하지? 당장 그 따위 책을 쓴 놈을 잡아들여!

히틀러가 독일 정권을 잡은 지 한 달 만에 피터는 오스트리아로 무사히 탈출했습니다. 만약 그가 독일에 조금만 더 머물렀다면 나치의 손에 처형당했을 것입니다.

경영학이란?

하나   경영학의 정의

경영학은 기업이 어떤 모습과 구조로 만들어져 있는지를
분석하고, 기업을 운영하면서 부딪치게 되는 수많은 문제를
현명하게 해결할 수 있는 방법에 대해 연구하는 학문입니다.
즉, 기업가가 올바르게 기업을 운영하도록 하는 것이
경영학의 가장 큰 목적이라고 할 수 있어요. 현재 세계
경제에서 기업은 매우 중요한 역할을 담당하고 있습니다.
기업이 경영을 잘하면, 사람들의 일자리가 많아지고 사회가
전체적으로 활력을 띠게 되지요. 사람들이 일을 하게 되면
소득이 늘어나고, 국가는 국민들로부터 안정적으로 세금을
받아서 쓸 수 있습니다.

미국 경제의 중심, 뉴욕. 현재 세계 경제에서 기업은 큰 역할을 담당합니다. ⓒ CJ Isherwood

둘   경영학의 역사

우리가 흔히 말하는 경영학은 미국식 경영학으로, 20세기
산업화 시대의 경제학을 바탕으로 만들어졌어요. 특히 미국은
산업화 이후 경제가 눈부신 속도로 성장하다가 대공황을
겪으면서 심하게 휘청거렸습니다. 이때 피터 드러커와
같은 학자는 현대 사회에서는 올바른 기업 경영이 경제에
좋은 영향을 줄 수 있다고 주장했고, 어떻게 하면 기업을
바르게 이끌 수 있는지에 대해 분석하였습니다. 미국식
경영학은 이를 통해 크게 발전했어요.
100년도 안 되는 짧은 역사를 지닌 미국식 경영학에
비해 독일식 경영학은 300여 년의 역사를 갖고 있어요.
독일식 경영학은 기업의 재산을 평가하고 관리할 수 있는
방법을 체계적으로 연구하기 때문에 '경제 경영학'이라고도

산업 동력의 기반이 되는 공장 ⓒ zoetnet

부릅니다. 미국식 경영학에 비해 실용적인 부분은 좀 덜하지만 학문적 체계가 탄탄한 편입니다.

셋 ## 경제학과 경영학의 차이

경제학은 사람들이 한정된 자원을 어떻게 사용하는지와, 그 선택이 사회 전체에 어떤 영향을 미치는지와 같은 폭넓은 현상을 연구하는 학문입니다. 좁게는 우리가 부모님께 받은 용돈을 어떻게 사용하는지부터, 넓게는 각 나라가 어떻게 예산을 사용하는지 등에 대해 연구하지요. 경제학에서는 이러한 현상을 분석해서 알아보기 쉽도록 통계나 그래프로 만들어, 경제의 방향을 예측하곤 합니다.

그래서 경제학자들은 정부가 국가의 경제 문제를 분석하고 새로운 경제 정책을 세울 때 참여하는 경우가 많아요. 유명한 경제학자로는 자본주의의 기초 이론을 세운 애덤 스미스, 존 케인스, 조지프 슘페터 등이 있습니다.

애덤 스미스는 영국의 유명한 경제학자입니다.

경영학은 기업의 성장을 목표로 하기 때문에 어떤 제품을 개발해서 팔면 더 많은 이득을 얻을 수 있을지를 주로 연구하는 학문입니다. 제품 개발이나 판매만이 아니라, 조직원을 다루는 방법 등 다양한 방면을 연구한답니다. 이처럼 두 학문은 다른 점도 많지만, 경영학의 학문적 기초가 경제학에서 나왔다는 점, 둘 다 경제 활동을 하는 개인이나 단체를 다룬다는 점에서 연관되는 부분도 많습니다.

피터 드러커가 경영학을 연구하던 시절 경제학자들은 기업의 성과를 연구하는 경영학을 경제학보다 한 단계 낮은 학문으로 생각했습니다. 당시 경제학자들은 경제학은 국가 정책, 나아가 세계 경제까지 연구하는 폭넓은 학문이지만 경영학은 기업의 배나 불려주는 통속적인 학문이라고 생각했던 거예요. 하지만 피터 드러커는 이런 편견에도 불구하고 경영학 또한 사회에 기여하는 부분이 많다는 것을 보여 주었습니다.

케인스가 살았던 런던의 집. 케인스는 정부의 적극적인 경제 개입을 주장한 경제학자입니다.
© Myrabella

빌 게이츠

2002년 가장 존경받는 기업인 1위로 선정됐던 빌 게이츠는 스스로의 힘으로 성공한 대표적인 기업인입니다.

그는 사람들이 컴퓨터와 IT 산업에 관심을 두지 않던 시기에 그 발전 가능성을 깨달았어요. 초등학교 시절부터 프로그램을 만들곤 했던 빌 게이츠는 고등학교 시절 이미 회사를 차리고 교통량을 분석하는 시스템을 개발했습니다. 미국의 명문 하버드 대학에 입학하지만, 열아홉 살에 중퇴하고 고등학교 선배인 폴 앨런과 함께 마이크로소프트를 세웁니다.

이곳에서 개발한 운영 체제인 MS-DOS나 MS Windows는 전 세계 대부분의 컴퓨터에서 사용됐습니다. 빌 게이츠는 현재 마이크로소프트 최고 경영인의 자리에서 물러나 아내와 함께 어려운 사람들을 돕는 자선 사업에 최선을 다하고 있습니다.

마이크로소프트의 창업자인 빌 게이츠

정주영

1915년 강원도 시골 마을에서 태어난 그는 어려운 집안 형편 때문에 학업을 중단하고 집안의 농사일을 도우며 어린 시절을 보냈어요. 그는 가난에서 벗어나고자 곡식을 파는 미곡상을 열어 장사를 시작합니다.

이후 서울로 올라와 자동차 수리공으로 일했던 청년 정주영은 자동차 수리 공장을 인수해서 '현대 자동차 공업사'를 세웁니다. 그 후 건설, 시멘트 사업을 바탕으로 해외 건설업과 우리나라의 간척 사업에 잇달아 성공했지요.

또한 정주영은 북한과의 경제 교류를 성공시킨 역사의 산증인이기도 해요. 1998년 6월 16일, 정주영이 판문점을 통해 소 500마리와 함께 직접 북한으로 들어가는 모습은 전

정주영은 우리나라의 기업가입니다.

세계에 생중계되며 큰 이목을 끌었습니다. 이른바 '통일소 이벤트'를 성공시킨 그는 이후에도 여러 번 북한을 드나들며 남북 민간 교류의 물꼬를 텄고, 1998년 11월 18일에는 '금강산 관광 유람선'이 출항하는 기쁨을 맛보기도 했습니다.

마쓰시타 고노스케

일본에서 '경영의 신'이라고 불리는 마쓰시타 고노스케는 역경을 딛고 일어선 인물입니다. 1894년 가난한 집안에서 태어나 학교도 제대로 다니지 못했으며, 열일곱 살까지 자전거 가게 직원으로 일했습니다. 전등 회사에서 기술을 익힌 그는 소켓 개발 사업에 뛰어들었고, 이후 라디오나 램프 같은 전기 제품 개발을 개발해 큰 성공을 거둡니다. 판매에 있어서는 현대적인 마케팅 기법을 사용하기도 했어요. 파나소닉(일본의 전기, 전자기기 제조업체)의 창립자로 우뚝 선 고노스케는 경영을 단순한 '돈벌이'가 아닌 사람들의 행복에 기여하는 예술로 여긴 경영인이었습니다.

경영학에서 배우는 마케팅 방법 중 하나인 광고
© shrinkin-violet

who? 지식사전

남북 교류와 통일

남북이 분단된 이후 1970년대 이전까지는 남한과 북한 사이의 대화나 교류는 거의 없었습니다. 1972년 남북 적십자 회담이 개최되고, 7·4 남북 공동 성명이 채택되면서 조금씩 대화의 물꼬가 트이기 시작했습니다. 1980년대에는 분위기가 풀려서, 남북 체육 회담과 남북 적십자 회담, 남북 경제 회담이 연달아 열렸습니다. 특히 1990년에는 '남북 통일 축구 대회'가 서울과 평양에서 각각 한 차례씩 열리며 많은 국민의 성원을 받았습니다. 2000년에는 남한의 김대중 대통령과 북한의 김정일 국방위원장이 합의한 6·15 공동 선언이 발표됐으며, 같은 해 7월에 개최된 시드니 올림픽에서는 남북한 선수들이 동시 입장하는 감동적인 모습을 선보여 세계인들의 박수를 받기도 했습니다.

〈남북 공동 선언문〉에 합의한 김대중 대통령과 김정일 국방위원장 © 연합포토

5 기업가 정신

피터는 일자리를 찾아 곧 영국 런던으로 향했습니다. 프리드버그 은행에 취직한 그는 많은 고객들의 경제 문제를 상담해 주는 역할을 맡았습니다. 베른하임 백화점을 경영하는 헨리 베른하임도 피터의 단골 중 하나였습니다.

자네는
이 일이 좋나?

그럼요.
다양한 사람들을
만나는 것이 얼마나
즐거운데요.

나도 젊었을 땐
고객을 많이 만났어.
요즘은 사장실에
처박혀 있지만
말이야.

허허

헨리의 경영 철학은 단순하면서도 명쾌했습니다. 피터는 헨리를 통해 '경영은 고객을 창조하는 것이다'라는 이론을 세우게 됩니다.

고객을 다시 찾아오게 만드는 것, 그게 경영이다! 정말 멋진 말이야.

그러던 어느 날, 런던 피카딜리서커스 역

앗, 저 사람은?

도리스, 도리스!

도리스!

프랑크푸르트 대학에서 내가 가르쳤던 도리스잖아!

퍼뜩

어머, 드러커 교수님!

교수님, 이게 대체 얼마 만이에요?

전 프리드버그 은행에서 일하고 있어요. 도리스는 여기 어떻게 온 거죠?

독일을 탈출했어요. 히틀러가 무슨 짓을 할지 모르잖아요.

나치의 유대인 차별은 점점 심해졌어요. 유대인들을 수용소로 마구 몰아넣고 있어요.

살려 주십시오!

빨리빨리 나와!

영국에서 다시 만난 두 사람은 급속도로 가까워지며 연인 사이로 발전했습니다.

피터가 없었다면 이렇게 빨리 적응할 수 없었을 거예요. 정말 고마워요.

나야말로 당신 덕분에 요즘 얼마나 행복한지 몰라요.

경제학

피터, 요즘 무슨 책을 그렇게 많이 읽어요?

아~ 경제학 서적을 읽고 있어요.

경제학이요?

네. 은행에서 일하려면 경제 이론을 좀 더 알아야 할 거 같아서요.

도리스는 자기 자신의 성장을 위해 꾸준하게 노력하는 피터의 모습에 더욱 호감을 느꼈습니다.

아니, 피터.
이게 다 무슨 책이야?

네, 경제학 책이에요.
퇴근길에 도서관에 들러서
반납하려고요.

경제학이라······.
책을 읽는 것도 좋지만
직접 강의를 듣는 게
훨씬 도움이 될 거야.

직장인도
경제학 강의를
들을 수 있나요?

케인스라는 경제학자가
금요일마다 경제학 강의를
여니까 한번 들어 봐.

직장 상사의 추천으로 피터는 1년간 케인스의 경제학 강의를 듣게 됩니다.

경제 문제를 해결하기 위해서는 정부가 적극적으로 나서야 합니다.

정말 그런 걸까?

만약 정부가 잘못된 경제 정책을 세운다면 사회는 큰 혼란에 빠지게 돼.

그러던 어느 날, 피터의 고객이었던 헨리 베른하임이 사망했다는 소식이 들려왔습니다.

자네 얘기 들었나? 베른하임 씨가 어제 돌아가셨다는군.

그러게. 죽기 직전까지도 상품 가격에 대해 논의했다던데? 고객에게 편의를 줘야 한다면서 말이야.

벌떡

베른하임 씨가 이렇게 갑자기 세상을 떠나시다니…….

베른하임 씨처럼 고객을 위해 애쓰는 훌륭한 기업가도 있어. 하지만 케인스의 주장대로라면……?

아무나 경영인 자리에 앉혀 놓고 정부가 시키는 대로만 하면 되는 걸까?

정부

기업인

피터는 1년간 성실하게 경제학 강의를 들었지만 케인스의 생각에 완전히 동의할 수는 없었습니다.

케인스가 유명한 경제학자라고 해서 무작정 그의 말이 옳다고 볼 수 없어.

피터, 케인스 강의를 들으니까 어때?

글쎄요. 강의를 들을수록 케인스의 논리가 부족하다고 느껴요.

이 친구가 큰일 날 소리를 하네! 케인스는 위대한 경제학자라고!

결국 피터는 스스로 해답을 찾기 위해 다른 경제학자의 책을 뒤지기 시작했습니다.

그래, 이거다!

피터 드러커의 미래를 보는 눈

피터 드러커는 시대 상황과 사회에서 일어나는 다양한 문제를
유심히 관찰한 결과를 바탕으로 미래에 어떤 일이 생길지에
대해 예측했습니다. 그리고 이러한 피터 드러커의 예측은
그대로 적중한 일이 많았어요.
이처럼 예언이 매번 적중하면서 피터는 사회를 분석하는
능력을 인정받을 수 있었습니다. 그럼 피터 드러커가 예측한
몇 가지 사건에 대해 자세히 알아볼까요?

사회가 복잡해질수록 다양한 문제가 생겨납니다. © OiMax

하나   나치의 위험성

나치는 본래 독일의 소규모 정당으로, 처음 나치가
만들어졌을 때만 하더라도 사람들은 별로 대수롭지 않게
여겼습니다. 시간이 지나자 나치는 독일 게르만 민족만이
세계를 지배할 능력이 있다는 식의 비뚤어진 민족주의를
주장하기 시작합니다. 또한 나치가 정권을 잡으면 게르만족이
중심이 된 이상적인 사회를 만들겠다고 약속하기도 했어요.
사실 그들의 주장에는 잘못된 부분이 많았습니다. 예를 들어,
농산물 가격을 올려 농부들의 삶을 풍족하게 해 주겠다고
하면서, 반대로 도시에 사는 사람들에게는 농산물 가격을
낮춰 경제적 부담을 덜어 주겠다고 했어요.
이처럼 나치의 주장은 모순투성이였습니다. 하지만 당시
독일은 제1차 세계 대전에서 패한 뒤, 엄청난 규모의 전쟁
배상금을 갚으면서 경제 위기와 높은 실업률에 시달리고
있었고, 힘들게 살아가던 독일 국민들은 나치를 지지하기
시작했습니다.
이 무렵, 신문 기자로 활동하고 있던 피터 드러커는 나치의
당수인 히틀러를 직접 만나 인터뷰할 기회가 있었습니다.

제1차 세계 대전을 겪으며 독일 사회는 혼란에
빠졌습니다. © quinet

그는 히틀러가 지금은 독일 국민들이 듣고 싶어 하는 말만
골라 하며 그럴듯하게 자신을 포장하고 있지만,
실제로는 그런 약속을 지킬 능력과 의지가 전혀
없다는 것을 눈치챘어요. 게다가 지나치게
민족주의적이고 인종 차별적인 나치와 히틀러가
실제로 정권을 잡게 된다면, 독일은 물론이고 전
세계가 다시 끔찍한 전쟁의 소용돌이에 휘말리게
될 수도 있음을 내다보았습니다. 피터는 나치와
히틀러의 위험성에 대해 수없이 경고하지만 그의
얘기에 귀 기울이는 독일인은 많지 않았어요. 피터
드러커는 나치와 히틀러를 비난하는 소책자를
만들어 독일 국민들에게 이 사실을 알리려 했지만,
전쟁을 막기에는 늦은 뒤였습니다.
실제로 나치가 정권이 계속되면서 피터가 걱정했던
일이 일어났습니다. 나치가 자기 민족만을 우월하게
여기고, 민족 중심의 국가를 만들고자 한 것은 결국
다른 민족과 국가를 억압하고 침략하는 결과를
가져왔어요. 나치는 제2차 세계 대전을 일으키고 전 세계에
많은 피해를 만졌지만, 결국 전쟁에 패하며 후에는 범죄
조직으로 규정되었습니다.

나치 당의 집회

피터 드러커는 통찰력을
갖고 세계 사회의 흐름을
읽고 미래를 예측했어.

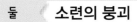
둘   소련의 붕괴

제2차 세계 대전이 끝나고 소련은 미국과 세계를 양분하며
세력을 키웠고, 엄청난 세력을 지닌 강대국으로 성장했습니다.
그런데 피터 드러커는 1989년 출판한 《새로운 현실》이라는
책에서 소련이 조만간 붕괴할 것이라고 예측합니다. 그리고
약 2년 뒤인 1991년, 실제로 소련이 붕괴했습니다. 소련은
공산주의 체제로 국가가 경제 활동을 직접 통제했기 때문에,
기업 스스로 발전할 필요성을 느끼지 못했어요. 때문에 소련은

갈수록 가난해졌고, 마침내 소련의 지도자였던 고르바초프가 경제를 살리기 위해 자본주의 경제 정책을 끌어옵니다. 이로 인해 소련에 자본주의와 민주화 바람이 불기 시작했습니다. 결국 1991년, 소련은 완전히 무너졌습니다. 피터 드러커에게는 소련 사회 체제의 문제점을 파악할 수 있는 통찰력이 있었던 것이지요.

셋 | 새로운 형태의 기업

피터 드러커는 단순하게 작업하는 육체 근로자보다는, 스스로 정보를 가지고 작은 경영인이 되어 일하는 지식 근로자의 세상이 올 것이라고 예측했습니다. 이와 같은 지식 근로자들은 자신의 일을 창조해 낼 능력이 있는 사람들이어서, 피터는 그들이 새로운 형태의 기업을 만들어 낼 수 있다고 생각했습니다. 그 뒤 실제로 IT 기술이 발달하고 새로운 정보 매체가 꾸준히 개발되면서 세상에는 새로운 형태의 기업이 등장하기 시작했어요. 유튜브, 페이스북, 트위터와 같은 기업은 공장 없이 인터넷을 통해 사용자를 서로 연결시키는 방식을 사용하고 있습니다.

미하일 고르바초프는 소련의 정치가입니다.

미국 샌프란시스코에 있는 유튜브 본사. IT 기술의 발달로 정보를 활용하여 성과를 내는 것이 중요해졌습니다. ⓒ Coolcaesar

넷 | 대한민국에 대한 예찬

피터 드러커의 예측을 뛰어넘은 경우도 있었는데, 바로 우리나라가 그 주인공입니다. 1954년 피터는 미국 정부의 요청으로 6·25 전쟁이 끝난 직후 폐허가 된 우리나라를 방문합니다. 그는 이 당시 전쟁으로 인해 심각한 위기에 놓인 한국의 교육 문제를 점검하는 역할을 맡고 있었습니다. 거리에는 전쟁고아가 넘쳐났고 굶주리는 사람은 셀 수 없이

통합
지식 + 5

많았습니다. 피터는 우리나라에서 희망을
발견할 수 없었지요.
하지만 40여 년이 지나 한국이 조선, 철강,
자동차, 전자 산업 등에서 두각을 나타내며
급속도로 성장하자 피터는 크게 감탄합니다.
그는 《프로페셔널의 조건》 한국어판 서문에서
'세계의 그 어떤 나라도 대한민국처럼
급격하게 발전한 곳은 없다'며 우리나라의
성장을 예찬했습니다. 그는 이러한 한국
경제의 발전에는 무엇보다 변화에
능동적으로 대응하는 '기업가 정신'이
있었다고 말했습니다. 피터는 생활 수준이
올라가야 진정한 자유와 민주주의를 실천할
수 있다고 생각했기 때문에, 가난에 빠져
있던 한국이 경제적으로 성장한 것을 크게
환영했습니다.

6·25 전쟁 중 작전을 수행하는 미국 군인들. 한국은 전쟁으
로 폐허가 되었지만, 기업가 정신을 바탕으로 성장했습니다.

현재 경제 발전을 이룬 서울의 모습 © CharlesLam

who? 지식사전

우리 경제의 성장 과정

1950년대 우리나라의 경제는 많이 어려웠습니다. 6·25 전쟁으로 인해 한반도
곳곳은 폐허로 변했습니다. 세계의 다른 나라들은 우리나라가 다시 일어설
수 없을 것이라고 여겼지만, 우리나라 국민들은 결코 포기하지 않는 끈기를
지니고 있었습니다. 1962년 경제 개발 5개년 계획이 시작되면서 우선 옷이나
신발 등을 생산하는 경공업을 발달시켜 기술과 자본을 축적했습니다. 그리고
1970~80년대부터는 조선소, 제철 산업, 석유 화학과 같은 중화학 공업이
발전했습니다. 1990년대 이후에는 선진국형 산업 구조로 바뀌기 시작해 운수업,
관광업, 의료업, 금융업, 방송 통신 산업 등의 비중이 점점 높아지고 있습니다.

중화학 공업 © roy.luck

6 최초의 경영 컨설턴트

피터는 도리스와 결혼해 행복한 가정을 꾸렸습니다.

도리스, 나 왔어요. 별일 없었죠?

피터, 어서 와요. 배고플 텐데 어서 씻고 저녁 먹어요.

오늘도 알아봤지만 결혼한 여자를 채용하겠다는 곳이 없어요. 정말 속상해요.

당시 유럽은 남녀 차별이 심해서 여성이 결혼하면 일자리를 그만두어야 했습니다.

도리스, 우리 미국으로 가는 게 어떨까요?

미국이요?

미국에선 여자도 일할 수 있다더군요. 우리 미국에서 새로운 삶을 시작합시다.

고마워요, 피터. 우리 그곳에서 다시 꿈을 펼쳐 봐요.

1937년, 피터는 영국 생활을 접고 아내 도리스와 함께 미국으로 이주합니다. 그리고 세라 로렌스 대학에서 시간 강사를 맡아 학생들을 가르치게 됩니다.

또한 히틀러에 대한 연구도 계속했습니다.

여보, 무슨 글을 쓰는 거예요?

히틀러의 나치즘이 앞으로 어떻게 될 것인지에 대해 내 의견을 정리하고 있어요.

당신이 어떤 결론을 내렸을지 궁금하네요.

아마 독일의 히틀러와 소련의 스탈린이 손잡게 될 거 같아요.

네? 히틀러와 스탈린이요?

하지만 나치는 공산주의를 반대하잖아요. 그런데 어떻게 히틀러가 공산주의자인 스탈린과 같은 편이 되겠어요?

히틀러와 스탈린은
독재자로서 공통점이 많아요.
독일과 소련은 분명히
협력하게 될 거예요.

피터는 독일과 소련이 결탁할 것이라는 주장을 담은 책 《경제인의 종말》을 냈습니다. 이 책이 발행되고 6개월 뒤, 놀랍게도 독일과 소련은 서로를 침략하지 않겠다는 '독소 불가침 조약'을 맺었습니다.

피터는 혼란한 사회를 명석하게 꿰뚫는 학자라는 명성을 얻었고, 1942년, 베닝턴 대학의 주임 교수가 되었습니다.

오늘 강의는 여기서 마치도록 하죠. 혹시 질문 있습니까?

교수님, 어떻게 히틀러와 스탈린이 손잡을 걸 예측하셨는지 궁금합니다.

글쎄요. 난 지금 벌어지는 일을 자세히 관찰해서 내 나름의 결론을 내릴 뿐입니다.

그렇다면 앞으로의 세계는 어떨 거라고 보시나요?

아마도 전쟁은 독일의 패배로 끝날 겁니다. 단, 전쟁이 끝나면 전 세계적으로 충격이 있을 겁니다.

예를 들면, 경제 공황이 올 수도 있습니다. 이때 기업인의 역할이 아주 중요합니다.

피터는 제2차 세계 대전이 끝난 뒤의 사회를 예측한
《산업인의 미래》라는 책을 발표합니다.

산업인의
미래

어느 날, 이 책을 감명 깊게 읽은 제너럴 모터스(GM)에서
피터를 찾아옵니다.

저희 회사의 경영에
도움을 주셨으면
합니다.

당연하죠.
교수님은 이 분야의
전문가시니까요.

저한테 경영 자문을
하시는 겁니까?

흠......

피터는 대기업의 경영에 대해 연구할 수 있다는
생각에 제안을 받아들였습니다. 이것이 바로
*경영 컨설턴트로 첫걸음을 떼는 순간이었습니다.

네, 바로
보내 드리겠습니다.

좋아요, 우선 기업의
모든 것을 제가 알아야 합니다.
수익, 매출, 직원들에 대한
평가서 등을 모두
제출해 주십시오.

* 경영 컨설턴트: 경영 문제에 관해 전문적인 조언이나 권고를 하는 직업

며칠 뒤.

어이쿠, 역시 대기업 자료답게 양이 엄청나군.

할 수 없지. 하나하나 꼼꼼히 분석해 보는 수밖에.

피터 드러커 교수가 대기업을 연구한다던데요?

그런 쓸데없는 짓을 왜 하는 건지.

당시에는 기업을 연구하는 것은 격이 낮은 연구로 여겼기 때문에 동료 학자들이 피터를 보는 눈이 곱지 않았습니다.

마침내 피터는 연구를 끝내고 GM사의 직원과 다시 만났습니다.

재밌는 구조더군요. 임원진은 대부분 대학 교육을 받은 외부 인사였고, 현장의 노동자들에게는 책임이 거의 주어지지 않아요.

예, 맞습니다. 현장 노동자들은 그날그날 주어진 일만 하면 되지요.

하지만 전쟁 당시 급박한 상황에서 노동자가 큰 책임을 맡았을 때, 오히려 높은 성과를 보였습니다.

구성원이 자신이 하는 일이 어떤 의미가 있는지 깨달아야 한다는 말씀이군요.

제가 제너럴 모터스 경영의 문제점과 해결책을 정리해 봤습니다. 이걸 가지고 가서 한번 적용해 보시죠.

정말 고맙습니다.

제너럴 모터스는 피터의 보고서를 바탕으로 회사 체계를 바꾸기 시작했습니다.

이제부터 회사 내에 여러 팀을 만들고 각자가 자기 일에 책임을 지는 구조가 될 겁니다.

각 분야의 담당자부터 바꾸겠습니다. 대학을 나오지 않았더라도 그 분야에 경험과 노하우만 충분하다면 담당자로 임명할 겁니다.

이야, 내가 낸 기획서가 통과됐어. 우리 회사 프로젝트를 말단 직원인 내 아이디어로 하게 됐다고!

각자의 프로젝트가 생기고 책임감이 늘어나자 회사는 활기를 띠기 시작했습니다.

대단한데!

짝짝 짝짝

한편, 피터는 제너럴 모터스를 연구한 것을 토대로 《기업의 개념》이라는 책을 발간합니다.

경제학은 실제로 기업의 이득을 추구하는 학문으로 변신해야 합니다. 지식인들이 쓸데없이 자리만 차지하고 있다면 기업에는 이로울 게 없습니다.

그러나 피터 드러커는 많은 경제학자에게 비난을 받았습니다.

통찰력이 부족한 젊은 경제학자가 함부로 휘갈긴 책이군.

기왕이면 수준이 높은 걸 연구해야지 같은 경제학자로서 정말 부끄럽네요.

피터는 무언가를 처음으로 시작한다는 것은
참으로 고독한 길이라는 것을 깨달았습니다.
그리고 그 길을 걷기 위해서는 수많은 사람들의
비난과 멸시를 견뎌야 한다는 사실에 가슴이
아팠습니다.

어째서 경영이 중요하지 않다고 생각하는 거지?

비록 지금은 알아주지 않더라도 경영에 대한 연구를 결코 멈추지 않겠어.

경제는 결국 올바른 경영에서 나오는 거야. 경영자가 기업을 올바로 이끌 때 경제가 발전하게 돼.

학계의 평판에 휘둘리지 않고 자신의 길을 간 피터 덕분에 기업인들은 경영에 큰 도움을 받게 됩니다.

회사를 어떻게 운영하는 게 올바른 것인지 판단하기 어려웠는데 여기에 답이 있었군!

이 책을 기업 경영의 지침서로 삼아야겠어.

피터는 저술 활동을 계속하며 십여 년간 명성을 쌓아 갔습니다. 그러던 어느 날이었습니다.

피터! 문 열어라, 피터!

탕 탕 탕

아버지! 어쩐 일이세요?

피터, 아무래도 슘페터가 죽을 날이 머지않은 모양이다. 함께 만나러 가자꾸나.

네? 슘페터 아저씨가요?

슘페터는 1932년 미국으로 망명해 경제학자로 살아왔습니다. 수명이 다한 그는 옛 친구를 찾았습니다.

이보게. 이게 대체 무슨 일인가? 어서 털고 일어나게.

아닐세. 난 이제 얼마 남지 않았어. 아마 자네와 피터를 보는 것도 이번이 마지막이 될 거 같군.

글쎄, 그런 약한 소리 말라니까!

아돌프, 난 요즘 자꾸 마음에 걸리는 게 있어…….

그게 뭔가?

사는 동안 사회에 공헌하지 못했다는 생각에 너무 아쉬워. 내 인생이 참 허무하게 느껴지는군.

이보게. 그게 무슨 소린가? 자네를 존경하는 녀석이 바로 여기 있잖나.

피터…… 고맙구나.

아저씨!

어린 시절부터 슘페터에게 많은 것을 배웠던 피터는 슘페터의 마지막 말에 깊은 인상을 받았습니다. 사회에 공헌하는 사람이 되는 것은 이제 피터 인생의 중요한 목표가 됩니다.

피터는 그가 인생의 마지막 순간까지 지식인으로서의 역할에 대해 고민하는 모습을 보며 깊은 생각에 잠겼습니다.

그래, 슘페터 아저씨의 말씀이 맞아. 사회 공헌만큼 인생에 보람된 일은 없을 거야.

피터 드러커의 발자취

하나 ⟩ 프랑크푸르트

독일의 행정 수도가 베를린이라면 경제 수도는
프랑크푸르트라고 칭할 만큼 프랑크푸르트는 독일
경제의 흐름을 좌우하는 중심 도시입니다. 피터는
오스트리아에서 김나지움을 졸업한 뒤 독일 함부르크에서
2년, 프랑크푸르트에서 4년간 머물렀지요. 이곳에서
피터는 독일을 떠나기 직전까지 언론사 기자, 대학
강사로 생활하며 젊은 나이에도 성공적인 삶을
살았습니다. 피터는 법학 박사 학위를 취득한 뒤에
프랑크푸르트 대학에서 법학 강의를 맡았는데 이때 그의
나이는 고작 스물한 살이었습니다.

프랑크푸르트의 야경. 피터 드러커는 나치를 피해 영국으
로 향하기 전까지 이곳에서 일했습니다. ⓒ Profilbesitzer

둘 ⟩ 런던

피터가 독일을 떠나 미국으로 이민 가기 전 잠시 머물던
곳입니다. 이곳에서 평생의 반려자 도리스와 재회하여
결혼했지요. 그가 일하던 프리드버그 은행에서는 훌륭한
경영인들을 만나 대화를 나누며 경영에 눈을 뜨는
계기가 되기도 했습니다. 이처럼 런던은 피터의 인생에서
전환점이 되는 중요한 곳입니다.

피터는 런던에서 살던 시절, 케인스의 경제학 강의를 들을
기회를 가졌어요. 그는 케인스의 경제학 이론에 만족하지
않고, 슘페터의 이론을 근거로 기업가 중심의 경제 철학을
발전시켰습니다. 이처럼 피터 드러커는 런던에서 경제에
대한 관심을 가질 수 있었고, 여기에서 익힌 학문적 기반을
토대로 경영학에 더욱 다가설 수 있었습니다.

피터 드러커가 아내 도리스와 재회한 런던의
번화가, 피카딜리서커스. ⓒ InSapphoWeTrust

셋 뉴욕

영국을 떠나 미국으로 이민을 간 피터는 뉴욕의
세라 로렌스 대학에서 경제학과 통계학을
가르치면서 생활의 안정을 찾았습니다.
그리고 이 시기에《경제인의 종말》을 집필하여
발표했습니다.《경제인의 종말》은 독일과
소련의 협력을 예측한 책으로, 실제로 책이
발간된 후 6개월이 지나 독소 불가침 조약이
체결되자 피터는 큰 주목을 받습니다.
피터는 이후 베닝턴 대학교의 정치학 및 철학
전임 교수가 됐습니다. 이후《산업인의 미래》등의
저서를 펴내며 경제와 경영학 분야에서 명성을
얻었고, 뉴욕 대학의 경영학과 교수로 이직합니다.

뉴욕의 센트럴 파크. 미국으로 이민 간 피터 드러커는 뉴욕의 대학
교수로 일하며 연구와 저술 활동을 계속했습니다. ⓒ Juan ACP

뉴욕의 번화가 타임스스퀘어 거리 ⓒ Paul Miller

넷 클레어몬트

피터가 뉴욕 대학교에서 은퇴한 뒤 살았던
곳입니다. 클레어몬트는 아기자기한 소도시로
공기가 좋고 아름다운 풍경을 간직한 지역입니다.
1970년대까지는 질 좋은 과일이 많이 나는
것으로 유명했어요.
1889년 퍼모나 대학이 이곳으로 옮기면서 교육
중심지로 발전하기 시작한 클레어몬트에는 퍼모나
대학, 클레어몬트 대학원, 클레어몬트 매케나
대학, 하비 머드 대학, 피처 대학 등 많은 교육
기관이 자리잡고 있습니다.
피터는 이곳에서 집필 활동을 계속하며 클레어몬트
대학원에서 명예 교수로 재직하는 등, 은퇴 후에도
활발하게 활동했습니다.

클레어몬트 시청. 클레어몬트는 피터 드러커가 노년을 보낸
미국의 교육 도시입니다. ⓒ The Marmot

피터 드러커의 저서들

피터 드러커는 평생에 걸쳐 수많은 책을 저술했어요.
그중에서도 《피터 드러커 매니지먼트》는 세계 경영인들의
지침서로 통하는 책으로, 경영 컨설팅에서 그의 명성이
높아지는 데 큰 역할을 했습니다.
피터는 법학도로 시작하여 정치, 시사, 경제, 경영,
예술, 사회학 등을 두루 연구하여 지식을 쌓았고,
한때는 문학도의 꿈을 품고 두 편의 소설을 쓰기도
했어요. 그럼 이제 피터 드러커가 남긴 저서에 대해
자세히 살펴봅시다.

전체주의의 일종인 파시즘. 《경제인의 종말》에서 피터는 전
체주의가 세계에 퍼진 이유를 분석했습니다. ⓒ dalbera

비영리 단체의 활동 모습. 피터 드러커는 비영리 단체
의 경영에 대해서도 연구했습니다 ⓒ Borden31

- 《경제인의 종말》 – 유럽에 전체주의가 들어선
  이유를 분석하고 독소 불가침 조약을 예견했습니다.

- 《산업인의 미래》 – 전쟁이 끝난 뒤, 현대 사회를
  살아가는 사람들이 어떤 역할을 해야 할지를
  얘기합니다.

- 《단절의 시대》 – 미래는 지금까지와는 전혀 다른
  경제가 시작될 것이며 그로 인해 새로운 형태의
  산업이 나타날 것이라고 예측했습니다.

- 《피터드러커 매니지먼트》 – 피터 드러커의 저서
  중 최고의 역작으로 손꼽히는 책으로 매니지먼트의
  의미를 폭넓게 다루고 있습니다.

- 《가능한 세상의 마지막》, 《선에의 유혹》 – 문학에도
  관심이 많았던 피터가 집필한 소설입니다.

- 《비영리 단체의 경영》 – 비영리 단체가 큰 어려움 없이
  운영돼야 비로소 발전한 사회라는 생각을 바탕으로 쓴
  책입니다.

여섯 피터 드러커의 어록

- 경영의 목적은 고객을 창출하는 것이다.

- 약점을 보완하려 하지 말고 장점을 강화하라.

- 내가 죽은 뒤, 어떤 사람으로 기억될지 생각하라.

- 배우는 방법은 사람마다 다르다.

- 중요한 직책은 전문가에게 맡겨라.

- 카리스마 있는 리더는 전체를 획일화하여 끌고 가기 때문에 가장 좋지 않은 리더이다.

- 자신의 시간을 관리하는 법을 익혀라.

- 중요한 것부터 먼저 해결하라.

- 목표 달성 능력을 키워라.

- 우리 각자가 모두 CEO다. 자기 일에서 전문가가 돼라.

- 기업의 중요한 변화는 외부에서 오는 것이지 내부에서 오는 것이 아니다.

- 최고 경영자라고 사무실에만 앉아 있지 말고 1년에 몇 주라도 현장에 나가야 한다.

- 직원에게 성취동기와 목표 의식을 부여하라.

쉽게 떨어지는 접착제의 약점을 강점으로 만든 메모지
ⓒ Francodavi

계획표는 시간을 관리하는 습관을 들이는 데 도움이 됩니다.
ⓒ photosteve101

경영자도 직접 현장에 나가 보는 습관이 중요합니다.
ⓒ USACE Europe District

151

7 끝나지 않은 여정

숌페터를 만나고 돌아온 피터는 사회에 공헌하는 학자가 되기 위하여 연구에 몰두했습니다. 그 결과 《경영의 실제》,《결과를 위한 경영》,《단절의 시대》,《자기경영노트》 등 다양한 책을 발표합니다.

나도 누군가의 인생에 보탬이 되는 사람이 되고 싶어. 그러려면 한순간이라도 낭비해선 안 돼.

피터의 강의에는 학생들이 늘 가득 차 있었습니다.

경제는 결국 바른 경영에서 시작되는 것입니다. 여러분은 바른 경영이 무엇인지 다시 한번 생각하셔야 합니다.

우리 교수님, 정말 대단하신 것 같아.

저런 교수님이 우리 학교에 있다는 건 행운이지.

피터의 명성은 점점 높아졌습니다. 그러자 미국 최고의 대학인 하버드에서 피터에게 강의를 부탁했습니다.

미국에서 우리 학교보다 더 좋은 조건을 내거는 학교는 없을 겁니다. 교수님, 강의를 맡아 주십시오.

하버드에서 강의를 부탁해 주시니 정말 고맙습니다. 하지만 정중히 사양해야 할 것 같습니다.

네? 왜죠?

하버드는 외부 컨설팅을 제한하고 있지 않습니까?

그렇기는 하지만……. 그게 문제가 될까요?

경영은 실무 경력이 중요한데 외부 컨설팅을 제한하는 것은 제 뜻과 맞지 않습니다. 정중히 사양하겠습니다.

하, 하지만 교수님!

하버드 대학의 제안도 거절하고 자신의 길을 걸었던 피터는
1971년, 62세의 나이로 뉴욕 대학교에서 정년 퇴임했습니다.

피터 드러커 교수님 영원히 잊지 않겠습니다

은퇴한 피터는 조용한 소도시인
클레어몬트로 이사했습니다.

여보, 새 집이
음에 들어요?

이제 우리 여생은
여기에서 조용히
보내면 되겠군요.

아니에요, 도리스.
은퇴는 새로운 인생의
시작이니 난 더욱 바쁘게
살 생각이에요.

은퇴가 새로운
시작이라고요?

세상은 지식 사회로 빠르게 변하고 있습니다. 여러분은 지식 사회에 필요한 지식 근로자로서 거듭나야 합니다.

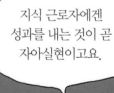

지식 근로자에겐 성과를 내는 것이 곧 자아실현이고요.

정확히 지식 근로자가 뭐지요?

좋은 질문이군요. 간단히 말하자면 지식을 활용해 성과를 올리는 사람입니다.

피터는 백과사전 두께의 경영 기본서 《피터 드러커 매니지먼트》를 출간합니다. 경영 이론을 그만의 독특한 시각으로 분석한 이 책은 경영학의 지침서라 평가받습니다.

그렇게 피터는 학자로서의 명성을 쌓아 갔습니다.
피터가 80대에 접어든 어느 날이었습니다.

*비영리 단체에
관심이 생겨서요.

피터,
뭐가 그렇게
심각해요?

비영리 단체라면
이익을 바라지 않고
좋은 일을 하기 위해
애쓰는 곳이죠?

맞아요. 비영리 단체가
활발하게 활동해야 행복한
세상을 만들 수 있어요.

*비영리 단체: 자체의 이익이 아닌 공익을 목적으로 하는 단체

피터가 《비영리 단체의 경영》이라는 책을 출간하자, 어려운 상황에 놓여 있던 비영리 단체인 샌프란시스코의 한 미술관 직원이 찾아옵니다.

드러커 교수님, 바쁘시겠지만 저희 미술관 경영을 좀 부탁드리려고 찾아왔습니다.

그럽시다.

그럼 언제부터 시간을 내 주실 수 있나요?

지금 당장 시작하죠. 빠르면 빠를수록 좋은 거 아니겠소?

네에? 정말요?

피터는 경영 컨설턴트 활동을 하면서 알게 된 경영인들을 찾아다녔습니다.

아니, 교수님. 어쩐 일이십니까?

그동안 잘 지내셨습니까?

물론이죠. 교수님께서 전에 도와주신 덕분에 성과가 많이 났습니다. 정말 감사합니다.

그런데, 여긴 무슨 일로……?

실은 비영리 단체인 미술관의 후원을 부탁드리러 이렇게 찾아왔습니다.

반대로 사회에
공헌하지 않는 기업은
나쁜 평판을 받지요.

흐음······.

그 기업은 자기 이익만
차리느라 절대 기부
같은 건 하지 않는대.

이런 몹쓸
기업 같으니. 앞으로
그놈들 제품은
안 사겠어!

기업이 이익의 일부를
사회에 돌려주는 것은 손해 보는
일이 아닙니다. 고객으로부터 신뢰를
얻기 때문에 오히려 이익이지요.

교수님 말씀을 듣고 보니 왜 사회에 공헌해야 하는지 알겠네요. 미술관을 후원하겠습니다.

정말 고맙습니다.

피터의 적극적인 노력으로 미술관은 후원을 받아 안정을 되찾았습니다.

정말 감사합니다.

이제 좋은 작품으로 세상 사람들에게 보답하기 바랍니다.

이제 아흔을 바라보는 나이가 된 피터는 지금까지의
인생을 돌아보며 회한에 잠겼습니다.

피터, 이 집에서
산 지도 어느덧
30년이 다 되어가네요.

그러게요.
시간이 참 빠르군요.

당신은 그때
이곳에서 새로운 인생이
시작될 거라고
말했었죠.

흠······.

그동안 참 많은 일이 있었지.
늘 바빴지만 너무나 즐거웠어.
누군가에게 도움이 될 수 있다는
자체로 참 행복한 삶이었어.

피터는 누구보다 바쁘게 살았던 삶의
흔적을 조금씩 정리하기 시작했습니다.

이제는 하나하나
정리해야 할 시간이
온 거겠지. 더 늦기
전에 말이야.

2005년 11월, 추운 겨울날이었습니다.

도리스, 오랜 세월 내 곁에 있어 줘서 정말 고마워요.

당신 덕분에 난 많은 일을 할 수 있었어요.

피터······.

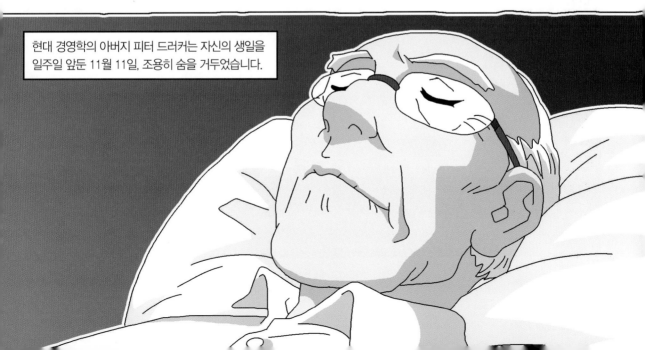

현대 경영학의 아버지 피터 드러커는 자신의 생일을 일주일 앞둔 11월 11일, 조용히 숨을 거두었습니다.

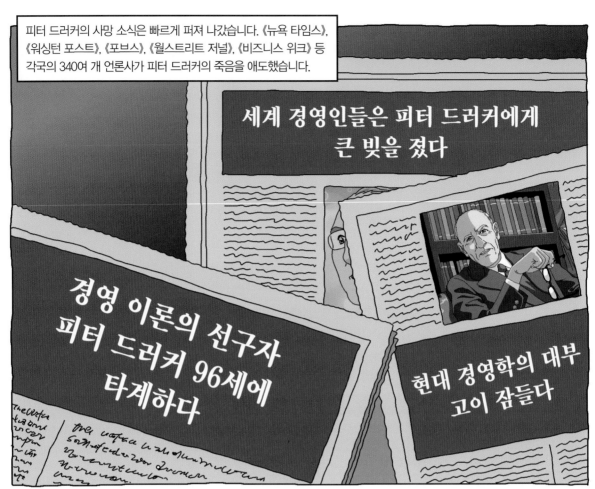

피터 드러커의 사망 소식은 빠르게 퍼져 나갔습니다. 《뉴욕 타임스》, 《워싱턴 포스트》, 《포브스》, 《월스트리트 저널》, 《비즈니스 위크》 등 각국의 340여 개 언론사가 피터 드러커의 죽음을 애도했습니다.

세계 경영인들은 피터 드러커에게 큰 빚을 졌다

경영 이론의 선구자 피터 드러커 96세에 타계하다

현대 경영학의 대부 고이 잠들다

피터가 죽은 지 약 한 달 뒤인 2005년 12월 10일, 그를 추모하는 행사가 열렸습니다. 참석자들은 피터의 삶과 업적을 기리는 추모사를 발표하며 추억에 젖었습니다.

그는 자신이 경영학의 아버지이기는커녕 증손자뻘도 안 된다고 말할 만큼 겸손한 사람이었습니다.

뛰어난 사람일수록 더 많이 실패합니다. 왜냐하면 많은 일을 하기 때문이지요.

실패는 곧 사라집니다. 그러니 실패는 신경 쓰지 마십시오.

중요한 건 바로 이겁니다. 다른 사람의 실수에서 배우려 하지 말고,

다른 사람의 성공에서 배우도록 하십시오.

현대 경영학의 창시자로 평가받는 피터 드러커는 산업 혁명 이후 등장한 기업의 역할과 경영을 깊이 있게 연구한 학자였습니다.

사회의 발전을 연구했던 그는 미래에 지식 사회가 올 것임을 예견했으며, 인류에 공헌한 업적을 인정받아 2002년, 미국인에게 수여하는 최고 훈장인 '대통령 자유 훈장'을 수상하기도 했습니다.

오늘날 기업 경영의 개념을 닦은 현대 경영학의 아버지, 피터 드러커.
오늘날에도 그가 남긴 생각은 현대 사회를 살아가는 경영자와 지식
근로자에게 훌륭한 지침이 되고 있습니다.

어린이
진로 탐색

경영학자

어린이 친구들 안녕?
피터 드러커 이야기 재미있게 읽었나요?

그렇다면 이제부터
피터 드러커가 꿈을 키워가는 과정을 함께 되짚어 보며
그가 활동한 분야와 그 분야에 속한 다양한 직업에 대해
살펴봐요!

또한 여러분에게는 어떤 장점과 적성, 가능성이
숨어 있는지 찾아보면서
그것을 어떻게 진로와 연결시킬 수 있는지에 대해서도
알아봅시다!

그럼 지금부터
여러분이 멋진 꿈을 향해 나아갈 수 있도록 도와줄
진로 탐색을 시작해 볼까요?

자기 이해부터
진로 체험까지,
다양한 진로 탐색
활동을 시작해 봐요!

진로
탐색
STEP 1

성공하기 위한 습관

피터 드러커는 정보를 가지고 스스로를 계발하는 '지식 근로자'가 나타날 것을
예견했어요. 또 지식 근로자로서 성공하기 위해서는 끊임없이 자신을 관리하는 것이
중요하다며 이를 위한 다섯 가지 습관을 제안했지요. 여러분은 어떤 습관을 가지고
있나요? 피터 드러커가 제안한 다섯 가지 습관과 관련된 나의 좋은 습관과 나쁜
습관에 대해 생각해 보세요.

피터 드러커의 성공을 위한 다섯 가지 습관	나의 좋은 습관, 혹은 나쁜 습관
1. 시간을 관리하라.	⇨ 아침 일찍 일어나는 좋은 습관이 있어요.
2. 무엇에 공헌할 것인지 결정하라.	⇨
3. 약점이 아닌 강점을 봐라.	⇨
4. 힘을 집중하라.	⇨
5. 의사 결정을 확실하게 하라.	⇨

176

내가 만든 기업 보고서

경영학자는 기업이 고객을 많이 끌어들여 높은 수익을 낼 수 있는 방법을 찾아내 제안하기도 해요. 그러기 위해서 기업의 주된 고객이 누구인지, 기업에게 무엇을 원하는지를 분석하지요. 내가 자주 사용하는 물건 혹은 서비스를 만드는 기업의 고객은 누구일까요? 내가 좋아하는 기업에 대해 아래 빈칸을 채우며 보고서를 작성해 보세요. 기업의 홈페이지를 찾아보면 많은 정보를 얻을 수 있어요.

✳ 어떤 기업을 조사했나요?

✳ 왜 그 기업에 대해서 조사하게 되었나요?

✳ 기업은 어떤 상품 혹은 서비스로 이익을 얻나요?

✳ 기업을 찾는 고객들은 주로 어떤 사람들인가요?

✳ 같은 분야의 다른 기업과 다른 점은 무엇인가요?

다양한 기업가 정신에
대해 알아보아요!

피터는 백화점에 찾아오는 고객을 위해 노력하는 베른하임의 경영 태도를 보고
'경영은 고객을 창조하는 것'이라는 이론을 세웠습니다. 이처럼 기업인이 기업을
이끌어 나가는 데 밑바탕이 되는 생각과 태도를 '기업가 정신'이라고 합니다. 기업을
성공적으로 이끈 유명한 경영자와, 그의 기업가 정신을 알 수 있는 말을 찾아 그 뜻과
함께 적어 보세요.

빌 게이츠 (마이크로소프트)	**경영자의 한 마디**: 사원들에게 권한을 부여하는 프로세스를 개발하라. **뜻**: 모든 사원이 정보를 다루고 성장할 수 있도록 기업이 나서야 한다는 의미라고 생각합니다.
유일한 (전 유한양행 대표)	**경영자의 한 마디**: 기업에서 얻은 이익은 그 기업을 키워 준 사회에 환원하여야 한다. **뜻**:
경영자 이름:	**경영자의 한 마디 :** **뜻 :**

여러 가지 형태의 기업

피터 드러커의 예측대로 실제 인터넷과 통신 기술이 발달하고 전문적인 지식을 갖춘
근로자가 늘어나면서, 새로운 직업이 많이 생겨났고 산업의 구조도 바뀌고 있습니다.
이러한 변화로 기업의 형태도 다양해져서 단 한 명이 기업을 만들기도 하고, 이익
추구보다 사회에 도움을 주는 것을 더욱 의미 있게 생각하는 기업도 생겨났습니다.
여러 가지 기업의 특징에 대해서 조사하여 정리해 보세요.

다국적 기업

벤처 기업

주식회사

여러 사람들에게 투자를
받은 만큼 주식을 배당
하고 설립된 회사

사회적 기업

1인 기업

내가 피터 드러커라면?

피터 드러커는 경영학자로서 어려움에 처한 경영인에게 해결책을 알려 주는
'경영 컨설턴트'라는 새로운 직업을 만들어 내기도 했지요. 이들의 경영 컨설팅
덕분에 많은 경영인이 기업의 성장에 걸림돌이 되는 문제를 찾을 수 있었답니다.
여러분이 경영학자로서 문제에 부딪친 경영인에게 도움을 준다면 어떤 조언을 할 수
있을까요? 아래 경영인의 질문을 보고 답을 적어 보세요.

✳ **경영인 1** : 과자를 만드는 기업을 운영하고 있습니다. 과자는 맛있다고 하는데
　　　　　　 잘 팔리지 않아요. 무엇이 문제일까요?

✳ **나의 답변** :

✳ **경영인 2** : 직원들이 일이 너무 힘들다며 금방 회사를 떠납니다. 직원들이 나갈
　　　　　　 때마다 새로운 직원을 뽑아 처음부터 가르치려 하니 힘이 듭니다.
　　　　　　 좋은 방법이 없을까요?

✳ **나의 답변** :

올바른 경영은 무엇일까요?

피터 드러커는 올바른 경영인이 기업을 이끌어 갈 때 경제가 발전한다고 생각했어요.
이를 위해 어떻게 회사를 운영하는 것이 올바른 것인지를 제안했지요. 좋은 성과를
내기 위해 직원에게 동기 부여를 할 것을 주장했고, 기업이 이익의 일부를 사회에
돌려주어야 고객으로부터 신뢰를 얻을 수 있다고도 했어요. 여러분이 생각하는
올바른 경영은 무엇인가요? 아래 빈칸에 자신의 생각을 적어 보세요.

첫째, 경영인은 고객을 속이지 말아야 한다.

왜냐하면 고객을 속이는 일은 언젠가는 드러나게 되는데, 그러면 고객은 기업에

신뢰가 떨어질 것이고, 그 기업을 다시 찾지 않게 될 것이기 때문이다.

둘째, 경영인은 _____.

왜냐하면 _____

_____

셋째, 경영인은 _____.

왜냐하면 _____

_____

넷째, 경영인은 _____

왜냐하면 _____

_____

피터 드러커

1909년		오스트리아 빈에서 태어납니다.
1919년	10세	빈 김나지움에 입학합니다.
1927년	18세	함부르크 대학 법학부에 입학했으며, 독일 함부르크에 있는 무역 회사에서 수습생으로 사회 경험을 쌓습니다.
1929년	20세	프랑크푸르트 〈게너랄안차이거〉에서 기자로 활동합니다.
1931년	22세	프랑크푸르트 대학에서 법학 박사 학위를 취득합니다.
1933년	24세	독일의 유대인 철학자 슈탈의 사상을 정리한 글을 써 나치를 정면으로 비판합니다. 나치의 탄압을 피해 독일을 탈출한 뒤, 영국 런던에 있는 은행에 취업합니다.
1937년	28세	도리스 슈미트와 결혼하고 미국으로 이주합니다.
1939년	30세	세라 로렌스 대학에서 경제학과 통계학 강의를 했으며, 《경제인의 종말》을 출간합니다.
1942년	33세	버몬트 주 베닝턴 대학에서 철학 및 정치학을 가르칩니다. 《산업인의 미래》를 출간합니다.

1943년	34세	제너럴 모터스의 요청으로 경영 컨설턴트 업무를 수행합니다.
1947년	38세	미국이 유럽 국가들을 경제적으로 돕기 위한 계획인 '마셜 플랜'의 고문을 맡아 활동합니다.
1950년	41세	뉴욕 대학교 경영학부 교수를 역임합니다.
1971년	62세	정년 퇴임 뒤, 클레어몬트 대학교 사회 과학부 석좌 교수로 94세까지 활동합니다.
1974년	65세	경영학의 지침서라 불리는 《피터 드러커 매니지먼트》를 출간합니다.
1987년	78세	클레어몬트 경영 대학원의 명칭이 '피터 드러커 경영 대학원'으로 바뀝니다.
1990년	92세	《비영리단체의 경영》을 출간합니다.
2002년	94세	조지 부시 대통령으로부터 미국 시민 최고의 영예인 '대통령 자유 훈장'을 받습니다.
2005년	96세	11월 11일, 클레어몬트 자택에서 숨을 거둡니다.